LAURETTE

ou

LE CACHET ROUGE

826

LAURETTE

OU

LE CACHET ROUGE

— SOUVENIRS DE SERVITUDE MILITAIRE —

PAR LE COMTE

ALFRED DE VIGNY

NOUVELLE EDITION

ML

PARIS

MICHEL LÉVY FRÈRES, LIBRAIRES ÉDITEURS

RUE VIVIENNE, 2 BIS, ET BOULEVARD DES ITALIENS, 15

A LA LIBRAIRIE NOUVELLE

—

1867

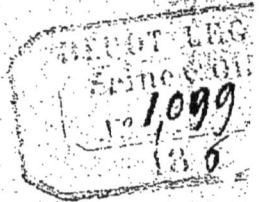

I

POURQUOI J'AI RASSEMBLÉ CES SOUVENIRS

1

1

POURQUOI J'AI RASSEMBLÉ CES SOUVENIRS

S'il est vrai, selon le poëte catholique,
qu'il n'y ait pas de plus grande peine que
de se rappeler un temps heureux, dans la
misère, il est aussi vrai que l'âme trouve
quelque bonheur à se rappeler, dans un

moment de calme et de liberté, les temps de peine ou d'esclavage. Cette mélancolique émotion me fait jeter en arrière un triste regard sur quelques années de ma vie, quoique ces années soient bien proches de celle-ci, et que cette vie ne soit pas bien longue encore.

Je ne puis m'empêcher de dire combien j'ai vu de souffrances peu connues et courageusement portées par une race d'hommes toujours dédaignée ou honorée outre mesure, selon que les nations la trouvent utile ou nécessaire.

Cependant ce sentiment ne me porte

pas seul à cet écrit, et j'espère qu'il
pourra servir à montrer quelquefois, par
des détails de mœurs observés de mes
yeux, ce qu'il nous reste encore d'arriéré
et de barbare dans l'organisation toute
moderne de nos Armées permanentes, où
l'homme de guerre est isolé du citoyen,
où il est malheureux et féroce, parce qu'il
sent sa condition mauvaise et absurde.
Il est triste que tout se modifie au milieu
de nous, et que la destinée des Armées
soit la seule immobile. La loi chrétienne
a changé une fois les usages farouches de
la guerre ; mais les conséquences des

nouvelles mœurs qu'elle introduisit n'ont pas été poussées assez loin sur ce point. Avant elle, le vaincu était massacré ou esclave pour la vie, les villes prises, saccagées, les habitants chassés et dispersés; aussi chaque État épouvanté se tenait-il constamment prêt à des mesures désespérées, et la défense était aussi atroce que l'attaque. A présent, les villes conquises n'ont à craindre que de payer des contributions. Ainsi la guerre s'est civilisée, mais non les Armées; car non-seulement la routine de nos coutumes leur a conservé tout ce qu'il y avait de mauvais en elles ; mais l'ambition ou les terreurs des gouvernements ont accru le mal, en les séparant chaque jour du pays et en leur faisant une Servitude plus oisive et plus grossière que jamais. Je crois peu aux bienfaits des subites organisations ; mais je conçois ceux des améliorations successives. Quand l'attention générale est attirée sur une blessure, la guérison tarde peu. Cette guérison, sans doute, est un problème difficile à résoudre pour le législateur, mais il n'en était que plus nécessaire de le poser. Je le fais ici, et si notre époque n'est pas destinée à en avoir la solution, du moins ce vœu aura reçu de moi sa forme et les difficultés en seront peut-être diminuées. On ne peut trop hâter l'époque où les Armées seront identifiées à la Nation, si elle doit acheminer au temps où les Armées et la guerre ne seront plus, et où le globe ne portera plus qu'une nation unanime enfin sur ses formes sociales; événement qui, depuis longtemps, devrait être accompli.

Je n'ai nul dessein d'intéresser à moi-même, et ces souvenirs seront plutôt les Mémoires des autres que les miens; mais

j'ai été assez vivement et assez longtemps
blessé des étrangetés de la vie des Armées
pour en pouvoir parler. Ce n'est que pour
constater ce triste droit que je dis quelques mots sur moi.

J'appartiens à cette génération née
avec le siècle, qui, nourrie de bulletins
par l'Empereur, avait toujours devant les
yeux une épée nue, et vint la prendre au
moment même où la France la remettait
dans le fourreau des Bourbons. Aussi,
dans ce modeste tableau d'une partie
obscure de ma vie, je ne veux paraître
que ce que je fus, spectateur plus qu'ac-

1.

teur, à mon grand regret. Les événements
que je cherchais ne vinrent pas aussi
grands qu'il me les eût fallu. Qu'y faire?
— on n'est pas toujours maître de jouer
le rôle qu'on eût aimé, et l'habit ne nous
vient pas toujours au temps où nous le
porterions le mieux. Au moment où j'é-
cris [1], un homme de vingt ans de service
n'a pas vu une bataille rangée. J'ai peu
d'aventures à vous raconter, mais j'en ai
entendu beaucoup. Je ferai donc parler
les autres plus que moi-même, hors
quand je serai forcé de m'appeler comme

1. En 1835.

témoin. Je m'y suis toujours senti quelque
répugnance, en étant empêché par une
certaine pudeur au moment de me mettre
en scène. Quand cela m'arrivera, du
moins puis-je attester qu'en ces endroits
je serai vrai. Quand on parle de soi, la
meilleure muse est la Franchise. Je ne
saurais me parer de bonne grâce de la
plume des paons; toute belle qu'elle est,
je crois que chacun doit lui préférer la
sienne. Je ne me sens pas assez de mo-
destie, je l'avoue, pour croire gagner
beaucoup en prenant quelque chose de
l'allure d'un autre, et en posant dans une

attitude grandiose, artistement choisie, et péniblement conservée aux dépens des bonnes inclinations naturelles et d'un penchant inné que nous avons tous vers la vérité. Je ne sais si de nos jours il ne s'est pas fait quelque abus de cette littéraire singerie; et il me semble que la moue de Bouaparte et celle de Byron ont fait grimacer bien des figures innocentes.

La vie est trop courte pour que nous en perdions une part précieuse à nous contrefaire. Encore si l'on avait affaire à un peuple grossier et facile à duper! mais le nôtre a l'œil si prompt et si fin, qu'il reconnaît sur-le-champ à quel modèle vous empruntez ce mot ou ce geste, cette parole ou cette démarche favorite, ou seulement telle coiffure ou tel habit. Il souffle tout d'abord sur la barbe de votre masque et prend en mépris votre vrai visage, dont, sans cela, il eût peut-être pris en amitié les traits naturels.

Je ferai donc peu le guerrier, ayant peu vu la guerre; mais j'ai le droit de parler des mâles coutumes de l'Armée, où les fatigues et les ennuis ne me furent point épargnés, et qui trempèrent mon âme dans une patience à toute épreuve, en lui faisant rejeter ses forces dans le recueillement solitaire et l'étude. Je pourrai faire voir aussi ce qu'il y a d'attachant dans la vie sauvage des armes, toute pénible qu'elle est, y étant demeuré si longtemps entre l'écho et le rêve des batailles. C'eût été là assurément quatorze ans de perdus, si je n'y eusse exercé une observation attentive et persévérante, qui faisait son profit de tout pour l'avenir. Je dois même à la vie de l'Armée des vues de la nature humaine que jamais je n'eusse pu rechercher autrement que sous l'habit militaire. Il y a des scènes que l'on ne trouve qu'au milieu de dégoûts qui seraient vraiment intolérables, si l'on n'était pas forcé par l'honneur de les tolérer.

J'aimai toujours à écouter, et quand j'étais tout enfant, je pris de bonne heure ce goût sur les genoux blessés de mon vieux père. Il me nourrit d'abord de l'histoire de ses campagnes, et, sur ses genoux, je trouvai la guerre assise à côté de moi; il me montra la guerre dans ses blessures, la guerre dans les parchemins et le blason de ses pères, la guerre dans

leurs grands portraits cuirassés, suspen-
dus, en Beauce, dans un vieux château.
Je vis dans la Noblesse une grande famille de soldats héréditaires, et je ne
pensai plus qu'à m'élever à la taille d'un
soldat.

Mon père racontait ses longues guerres
avec l'observation profonde d'un philosophe et la grâce d'un homme de cour. Par
lui, je connais intimement Louis XV et le
grand Frédéric ; je n'affirmerais pas que
je n'aie pas vécu de leur temps, familier
comme je le fus avec eux par tant de récits de la guerre de Sept ans.

Mon père avait pour Frédéric II cette admiration éclairée qui voit les hautes facultés sans s'en étonner outre mesure. Il me frappa tout d'abord l'esprit de cette vue, me disant aussi comment trop d'enthousiasme pour cet illustre ennemi avait été un tort des officiers de son temps; qu'ils étaient à demi vaincus par là, quand Frédéric s'avançait grandi par l'exaltation française; que les divisions successives des trois puissances entre elles et des généraux français entre eux l'avaient servi dans la fortune éclatante de ses armes; mais que sa grandeur avait été sur-

tout de se connaître parfaitement, d'appré-
cier à leur juste valeur les éléments de
son élévation, et de faire, avec la modes-
tie d'un sage, les honneurs de sa victoire.
Il paraissait quelquefois penser que l'Eu-
rope l'avait ménagé. Mon père avait vu
de près ce roi philosophe, sur le champ
de bataille, où son frère, l'aîné de mes
sept oncles, avait été emporté d'un boulet
de canon; il avait été reçu souvent par le
Roi sous la tente prussienne, avec une
grâce et une politesse toutes françaises,
et l'avait entendu parler de Voltaire et
jouer de la flûte après une bataille gagnée.

Je m'étends ici presque malgré moi, parce que ce fut le premier grand homme dont me fut tracé ainsi, en famille, le portrait d'après nature, et parce que mon admiration pour lui fut le premier symptôme de mon inutile amour des armes, la cause première d'une des plus complètes déceptions de ma vie. Ce portrait est brillant encore, dans ma mémoire, des plus vives couleurs, et le portrait physique autant que l'autre. Son chapeau avancé sur un front poudré, son dos voûté à cheval, ses grands yeux, sa bouche moqueuse et sévère, sa canne d'invalide faite en béquille,

rien ne m'était étranger ; et, au sortir de
ces récits, je ne vis qu'avec humeur Bonaparte prendre chapeau, tabatière et
geste pareils ; il me parut d'abord pla-
giaire : et qui sait si, en ce point, ce
grand homme ne le fut pas quelque peu ?
qui saura peser ce qu'il entre du comé-
dien dans tout homme public toujours en
vue ? Frédéric II n'était-il pas le premier
type du grand capitaine tacticien moderne, du roi philosophe et organisateur ?
C'étaient là les premières idées qui s'agi-
taient dans mon esprit, et j'assistais à
d'autres temps racontés avec une vérité

toute remplie de saines leçons. J'entends
encore mon père tout irrité des divisions
du prince de Soubise et de M. de Cler-
mont; j'entends encore ses grandes indi-
gnations contre les intrigues de l'Œil-de-
Bœuf, qui faisaient que les généraux
français s'abandonnaient tour à tour sur
le champ de bataille, préférant la défaite
de l'armée au triomphe d'un rival; je
l'entends tout ému de ses antiques ami-
tiés pour M. de Chevert et pour M. d'Assas,
avec qui il était au camp la nuit de sa
mort. Les yeux qui les avaient vus mirent
leur image dans les miens, et aussi celle

de bien de personnages célèbres morts longtemps avant ma naissance. Les récits de famille ont cela de bon, qu'ils se gravent plus fortement dans la mémoire que les narrations écrites ; ils sont vivants comme le conteur vénéré, et ils allongent notre vie en arrière, comme l'imagination qui devine peut l'allonger en avant dans l'avenir.

Je ne sais si un jour j'écrirai pour moi-même tous les détails intimes de ma vie ; mais je ne veux parler ici que d'une des préoccupations de mon âme. Quelquefois, l'esprit tourmenté du passé et attendant

peu de chose de l'avenir, on cède trop
aisément à la tentation d'amuser quelques
désœuvrés des secrets de sa famille et des
mystères de son cœur. Je conçois que
quelques écrivains se soient plu à faire
pénétrer tous les regards dans l'intérieur
de leur vie et même de leur conscience,
l'ouvrant et le laissant surprendre par la
lumière, tout en désordre et comme en-
combré de familiers souvenirs et des fautes
les plus chéries. Il y a des œuvres telles
parmi les plus beaux livres de notre lan-
gue, et qui nous resteront comme ces
beaux portraits de lui-même que Raphaël

ne cessait de faire. Mais ceux qui se sont représentés ainsi, soit avec un voile, soit à visage découvert, en ont eu le droit, et je ne pense pas que l'on puisse faire ses confessions à voix haute, avant d'être assez vieux, assez illustre ou assez repentant pour intéresser toute une nation à ses péchés. Jusque-là on ne peut guère prétendre qu'à lui être utile par ses idées ou par ses actions.

Vers la fin de l'Empire, je fus un lycéen distrait. La guerre était debout dans le lycée, le tambour étouffait à mes oreilles la voix des maîtres, et la voix mystérieuse des livres ne nous parlait qu'un langage froid et pédantesque. Les logarithmes et les tropes n'étaient à nos yeux que les degrés pour monter à l'étoile de la Légion d'honneur, la plus belle étoile des cieux pour des enfants.

Nulle méditation ne pouvait enchaîner longtemps des têtes étourdies sans cesse par les canons et les cloches des *Te Deum !* Lorsqu'un de nos frères, sorti depuis quelques mois du collége, réparaissait en uniforme de housard et le bras en écharpe, nous rougissions de nos livres et nous les jetions à la tête des maîtres. Les maîtres

2

mêmes ne cessaient de nous lire les bulletins de la Grande Armée, et nos cris de
Vive l'Empereur ! interrompaient Tacite
et Platon. Nos précepteurs ressemblaient
à des hérauts d'armes, nos salles d'études
à des casernes, nos récréations à des ma-
nœuvres, et nos examens à des revues.

Il me prit alors plus que jamais un
amour vraiment désordonné de la gloire
des armes ; passion d'autant plus malheureuse que c'était le temps précisément où,
comme je l'ai dit, la France commençait
à s'en guérir. Mais l'orage grondait encore, et ni mes études sévères, rudes,

forcées et trop précoces, ni le bruit du grand monde, où, pour me distraire de ce penchant, on m'avait jeté tout adolescent, ne me purent ôter cette idée fixe.

Bien souvent j'ai souri de pitié sur moi-même en voyant avec quelle force une idée s'empare de nous, comme elle nous fait sa dupe, et combien il faut de temps pour l'user. La satiété même ne parvint qu'à me faire désobéir à celle-ci, non à la détruire en moi, et ce livre aussi me prouve que je prends plaisir encore à la caresser et que je ne serais pas éloigné

d'une rechute. Tant les impressions d'enfance sont profondes, et tant s'était bien
gravée sur nos cœurs la marque brûlante
de l'Aigle Romaine!

Ce ne fut que très-tard que je m'aperçus
que mes services n'étaient qu'une longue
méprise, et que j'avais porté dans une vie
tout active une nature toute contempla-
tive. Mais j'avais suivi la pente de cette
génération de l'Empire, née avec le siècle, et de laquelle je suis.

La guerre nous semblait si bien l'état
naturel de notre pays, que lorsque,
échappés des classes, nous nous jetâmes

dans l'Armée, selon le cours accoutumé de notre torrent, nous ne pûmes croire au calme durable de la paix. Il nous parut que nous ne risquions rien en faisant semblant de nous reposer, et que l'immobilité n'était pas un mal sérieux en France. Cette impression nous dura autant qu'a duré la Restauration. Chaque année apportait l'espoir d'une guerre ; et nous n'osions quitter l épée, dans la crainte que le jour de la démission ne devînt la veille d'une campagne. Nous traînâmes et perdîmes ainsi des années précieuses, rêvant le champ de bataille dans le

2.

Champ-de-Mars, et épuisant dans des exer-
cices de parade et dans des querelles particulières une puissante et inutile énergie.

Accablé d'un ennui que je n'attendais
pas dans cette vie si vivement désirée, ce
fut alors pour moi une nécessité que de
me dérober, dans les nuits, au tumulte
fatigant et vain des journées militaires :
de ces nuits, où j'agrandis en silence ce
que j'avais reçu de savoir de nos études
tumultueuses et publiques, sortirent mes
poëmes et mes livres ; de ces journées, il
me reste ces souvenirs dont je rassemble
ici, autour d'une idée, les traits princi-

paux. Car, ne comptant pour la gloire des armes ni sur le présent ni sur l'avenir, je la cherchais dans les souvenirs de mes compagnons. Le peu qui m'est advenu ne servira que de cadre à ces tableaux de la vie militaire et des mœurs de nos armées, dont tous les traits ne sont pas connus.

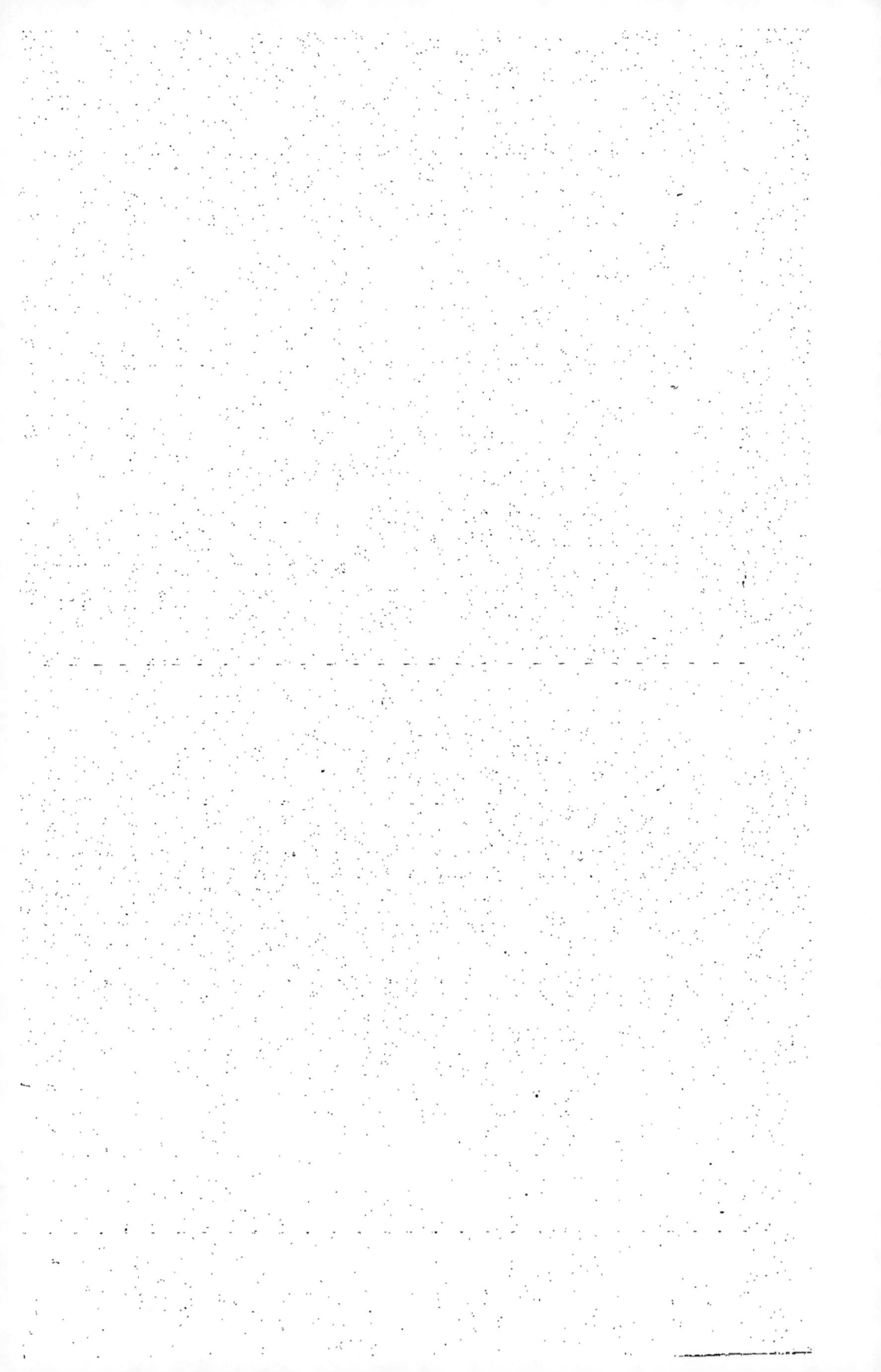

SUR LE CARACTÈRE GÉNÉRAL DES ARMÉES

L'Armée est une nation dans la Nation;
c'est un vice de nos temps. Dans l'anti-
quité, il en était autrement : tout citoyen
était guerrier, et tout guerrier était citoyen ; les hommes de l'Armée ne se fai-

saient point un autre visage que les hommes
de la cité. La crainte des dieux et des lois,
la fidélité à la patrie, l'austérité des mœurs,
et, chose étrange! l'amour de la paix et
de l'ordre, se trouvaient dans les camps
plus que dans les villes, parce que c'était
l'élite de la Nation qui les habitait. La paix
avait des travaux plus rudes que la guerre
pour ces armées intelligentes. Par elles
la terre de la patrie était couverte de mo-
numents ou sillonnée de larges routes, et
le ciment romain des aqueducs était pétri,
ainsi que Rome elle-même, des mains qui
la défendaient. Le repos des soldats était

fécond autant que celui des nôtres est sté-
rile et nuisible. Les citoyens n'avaient ni
admiration pour leur valeur, ni mépris
pour leur oisiveté, parce que le même
sang circulait sans cesse des veines de la
Nation dans les veines de l'Armée.

Dans le moyen âge et au delà, jusqu'à
la fin du règne de Louis XIV, l'Armée tenait à la Nation, sinon par tous ses soldats, du moins par tous leurs chefs, parce
que le soldat était l'homme du Noble, levé
par lui sur sa terre, amené à sa suite à
l'armée, et ne relevant que de lui; or,
son seigneur était propriétaire et vivait

3

dans les entrailles mêmes de la mère-pa-
trie. Soumis à l'influence toute populaire
du prêtre, il ne fit autre chose, durant le
moyen âge, que de se dévouer corps et
biens au pays, souvent en lutte contre la
couronne, et sans cesse révolté contre une
hiérarchie de pouvoirs qui eût amené trop
d'abaissement dans l'obéissance, et, par
conséquent, d'humiliation dans la profes-
sion des armes. Le régiment appartenait
au colonel, la compagnie au capitaine, et
l'un et l'autre savaient fort bien emme-
ner leurs hommes quand leur conscience
comme citoyens n'était pas d'accord avec

les ordres qu'ils recevaient comme hommes de guerre. Cette indépendance de
l'Armée dura en France jusqu'à M. de
Louvois, qui, le premier, la soumit aux
bureaux et la remit, pieds et poings liés,
dans la main du Pouvoir souverain. Il n'y
éprouva pas peu de résistance, et les der-
niers défenseurs de la Liberté généreuse
des hommes de guerre furent ces rudes et
francs gentilshommes, qui ne voulaient
amener leur famille de soldats à l'Armée
que pour aller en guerre. Quoiqu'ils n'eus-
sent pas passé l'année à enseigner l'éter-
nel mainement d'armes à des automates,

je vois qu'eux et les leurs se tiraient assez bien d'affaire sur les champs de bataille de Turenne. Ils haïssaient particulièrement l'uniforme, qui donne à tous le même aspect, et soumet les esprits à l'habit et non à l'homme. Ils se plaisaient à se vêtir de rouge les jours de combat, pour être mieux vus des leurs et mieux visés de l'ennemi ; et j'aime à rappeler, sur la foi de Mirabeau, ce vieux marquis de Coëtquen, qui, plutôt que de paraître en uniforme à la revue du Roi, se fit casser par lui à la tête de son régiment : — Heureusement, sire, que les morceaux me restent, dit-il

après. C'était quelque chose que de répondre ainsi à Louis XIV. Je n'ignore pas
les mille défauts de l'organisation qui ex-
pirait alors; mais je dis qu'elle avait cela
de meilleur que la nôtre, de laisser plus
librement luire et flamber le feu national
et guerrier de la France. Cette sorte d'Armée était une armure très-forte et très—
complète dont la Patrie couvrait le Pouvoir souverain, mais dont toutes les pièces
pouvaient se détacher d'elles-mêmes, l'une
après l'autre, si le Pouvoir s'en servait
contre elle.

La destinée d'une Armée moderne est

tout autre que celle-là, et la centralisation
des Pouvoirs l'a faite ce qu'elle est. C'est
un corps séparé du grand corps de la Nation, et qui semble le corps d'un enfant,
tant il marche en arrière pour l'intelligence et tant il lui est défendu de gran-
dir. L'Armée moderne, sitôt qu'elle cesse
d'être en guerre, devient une sorte de
gendarmerie. Elle se sent honteuse d'elle-
même, et ne sait ni ce qu'elle fait ni ce
qu'elle est; elle se demande sans cesse si
elle est esclave ou reine de l'État : ce corps
cherche partout son âme et ne la trouve
pas.

L'homme soldé, le Soldat, est un pauvre glorieux, victime et bourreau, bouc
émissaire journellement sacrifié à son
peuple et pour son peuple, qui se joue de
lui ; c'est un martyr féroce et humble tout
ensemble, que se rejettent le Pouvoir et
la Nation toujours en désaccord.

Que de fois, lorsqu'il m'a fallu prendre
une part obscure, mais active, dans nos
troubles civils, j'ai senti ma conscience
s'indigner de cette condition inférieure et
cruelle ! Que de fois j'ai comparé cette
existence à celle du Gladiateur ! Le peuple
est le César indifférent, le Claude ricaneur

auquel les soldats disent sans cesse en défilant : *Ceux qui vont mourir te saluent.*

Que quelques ouvriers, devenus plus misérables à mesure que s'accroissent leur travail et leur industrie, viennent à s'ameuter contre leur chef d'atelier; ou qu'un fabricant ait la fantaisie d'ajouter cette année quelques cent mille francs à son revenu; ou seulement qu'une *bonne ville,* jalouse de Paris, veuille avoir aussi ses trois journées de fusillade, on crie au secours de part et d'autre. Le gouvernement, quel qu'il soit, répond avec assez de sens :

La loi ne me permet pas de juger entre vous;

tout le monde a raison; moi, je n'ai à vous

envoyer que mes gladiateurs, qui vous tueront

et que vous tuerez. En effet, ils vont, ils

tuent, et sont tués. La paix revient; on

s'embrasse, on se complimente, et les chas-

seurs de lièvres se félicitent de leur adresse

dans le tir à l'officier et au soldat. Tout

calcul fait, reste une simple soustraction

de quelques morts; mais les soldats n'y

sont pas portés en nombre, ils ne comptent

pas. On s'en inquiète peu. Il est convenu

que ceux qui meurent sous l'uniforme

n'ont ni père, ni mère, ni femme, ni amie

3.

à faire mourir dans les larmes. C'est un
sang anonyme.

Quelquefois (chose fréquente aujour-
d'hui) les deux partis séparés s'unissent
pour accabler de haine et de malédiction
les malheureux condamnés à les vaincre.

Aussi le sentiment qui dominera ce livre
sera-t-il celui qui me l'a fait commencer,
le désir de détourner de la tête du Soldat
cette malédiction que le citoyen est souvent prêt à lui donner, et d'appeler sur
l'Armée le pardon de la Nation. Ce qu'il y
a de plus beau après l'inspiration, c'est le
dévouement ; après le Poëte, c'est le Sol-

dat; ce n'est pas sa faute s'il est condamné à un état d'ilote.

L'Armée est aveugle et muette. Elle
frappe devant elle du lieu où on la met.
Elle ne veut rien et agit par ressort. C'est
une grande chose que l'on meut et qui tue;
mais aussi c'est une chose qui souffre.

C'est pour cela que j'ai toujours parlé
d'elle avec un attendrissement involon-
taire. Nous voici jetés dans ces temps sévères où les villes de France deviennent
tour à tour des champs de bataille, et,
depuis peu, nous avons beaucoup à pardonner aux hommes qui tuent.

En regardant de près la vie de ces troupes armées que, chaque jour, pousseront
sur nous tous les Pouvoirs qui se succé-
deront, nous trouverons bien, il est vrai,
que, comme je l'ai dit, l'existence du Soldat est (après la peine de mort) la trace
la plus douloureuse de barbarie qui sub-
siste parmi les hommes, mais aussi que
rien n'est plus digne de l'intérêt et de l'a-
mour de la Nation que cette famille sacri-
fiée qui lui donne quelquefois tant de
gloire.

III

DE LA SERVITUDE DU SOLDAT ET DE SON CARACTÈRE INDIVIDUEL

Les mots de notre langage familier ont quelquefois une parfaite justesse de sens. C'est bien *servir*, en effet, qu'obéir et commander dans une Armée. Il faut gémir de cette Servitude, mais il est juste d'admi-

rer ces esclaves. Tous acceptent leur destinée avec toutes ses conséquences, et, en
France surtout, on prend avec une ex-
trême promptitude les qualités exigées par
l'état militaire. Toute cette activité que
nous avons se fond tout à coup pour faire
place à je ne sais quoi de morne et de
consterné.

La vie est triste, monotone, régulière.
Les heures sonnées par le tambour sont
aussi sourdes et aussi sombres que lui.
La démarche et l'aspect sont uniformes
comme l'habit. La vivacité de la jeunesse
et la lenteur de l'âge mûr finissent par

prendre la même allure, et c'est celle de l'*arme*. L'*arme* où l'on *sert* est le moule où l'on jette son caractère, où il se change et se refond pour prendre une forme générale imprimée pour toujours. L'Homme s'efface sous le Soldat.

La Servitude militaire est lourde et inflexible comme le masque de fer du prisonnier sans nom, et donne à tout homme de guerre une figure uniforme et froide.

Aussi, au seul aspect d'un corps d'armée, on s'aperçoit que l'ennui et le mécontentement sont les traits généraux du visage militaire. La fatigue y ajoute ses rides, le soleil ses teintes jaunes, et une vieillesse anticipée sillonne des figures de trente ans. Cependant une idée commune à tous a souvent donné à cette réunion d'hommes sérieux un grand caractère de majesté, et cette idée est l'*Abnégation*.

L'Abnégation du Guerrier est une croix plus lourde que celle du Martyr. Il faut l'avoir portée longtemps pour en savoir la grandeur et le poids.

Il faut bien que le Sacrifice soit la plus belle chose de la terre, puisqu'il a tant de beauté dans des hommes simples qui, sou-

vent, n'ont pas la pensée de leur mérite
et le secret de leur vie. C'est lui qui fait
que de cette vie de gêne et d'ennuis il
sort, comme par miracle, un caractère
factice mais généreux, dont les traits
sont grands et bons comme ceux des
médailles antiques.

L'Abnégation complète de soi-même,
dont je viens de parler, l'attente conti-
nuelle et indifférente de la mort, la renonciation entière à la liberté de penser
et d'agir, les lenteurs imposées à une ambition bornée, et l'impossibilité d'accumu-
ler des richesses, produisent des vertus

qui sont plus rares dans les classes libres
et actives.

En général, le caractère militaire est
simple, bon, patient ; et l'on y trouve quelque chose d'enfantin, parce que la vie des
régiments tient un peu de la vie des col-
léges. Les traits de rudesse et de tristesse
qui l'obscurcissent lui sont imprimés par
l'ennui, mais surtout par une position toujours fausse vis-à-vis de la Nation, et par
la comédie nécessaire de l'autorité.

L'autorité absolue qu'exerce un homme
le contraint à une perpétuelle réserve. Il
ne peut dérider son front devant ses infé-

rieurs, sans leur laisser prendre une familiarité qui porte atteinte à son pouvoir. Il
se retranche l'abandon et la causerie amicale, de peur qu'on ne prenne acte contre
lui de quelque aveu de la vie ou de quelque faiblesse qui serait de mauvais exemple. J'ai connu des officiers qui s'enfer-
maient dans un silence de trappiste, et
dont la bouche sérieuse ne soulevait la
moustache que pour laisser passage à un
commandement. Sous l'Empire, cette contenance était presque toujours celle des
officiers supérieurs et des généraux.
L'exemple en avait été donné par le maî-

tre, la coutume sévèrement conservée, et
à propos ; car à la considération nécessaire
d'éloigner la familiarité, se joignait encore
le besoin qu'avait leur vieille expérience
de conserver sa dignité aux yeux d'une
jeunesse plus instruite qu'elle, envoyée
sans cesse par les écoles militaires, et ar-
rivant toute bardée de chiffres, avec une
assurance de lauréat que le silence seul
pouvait tenir en bride.

Je n'ai jamais aimé l'espèce des jeunes
officiers, même lorsque j'en faisais partie. Un secret instinct de la vérité m'a-
vertissait qu'en toute chose la théorie n'est

rien auprès de la pratique, et le grave et silencieux sourire des vieux capitaines me tenait en garde contre toute cette pauvre science qui s'apprend en quelques jours de lecture. Dans les régiments où j'ai servi, j'aimais à écouter ces vieux officiers dont le dos voûté avait encore l'attitude d'un dos de soldat, chargé d'un sac plein d'habits et d'une giberne pleine de cartouches. Ils me faisaient de vieilles histoires d'Égypte, d'Italie et de Russie, qui m'en apprenaient plus sur la guerre que l'ordonnance de 1789, les règlements de service et les interminables instructions, à

commencer par celle du grand Frédéric à
ses généraux. Je trouvais, au contraire,
quelque chose de fastidieux dans la fa-
tuité confiante, désœuvrée et ignorante
des jeunes officiers de cette époque, fu-
meurs et joueurs éternels, attentifs seulement à la rigueur de leur tenue, savants
sur la coupe de leur habit, orateurs de
café et de billard. Leur conversation n'a-
vait rien de plus caractérisé que celle de
tous les jeunes gens ordinaires du grand
monde ; seulement les banalités y étaient
un peu plus grossières. Pour tirer quelque parti de ce qui m'entourait, je ne per-

dais nulle occasion d'écouter ; et le plus
habituellement j'attendais les heures de
promenades régulières, où les anciens
officiers aiment à se communiquer leurs
souvenirs. Ils n'étaient pas fâchés, de leur
côté, d'écrire dans ma mémoire les histoires particulières de leur vie, et, trou-
vant en moi une patience égale à la leur
et un silence aussi sérieux, ils se montrè-
rent toujours prêts à s'ouvrir à moi. Nous
marchions souvent le soir dans les champs,
ou dans les bois qui environnaient les gar-
nisons, ou sur le bord de la mer, et la vue
générale de la nature ou le moindre acci-

dent de terrain, leur donnait des souvenirs inépuisables : c'était une bataille na-
vale, une retraite célèbre, une embuscade
fatale, un combat d'infanterie, un siége,
et partout des regrets d'un temps de dan-
gers, du respect pour la mémoire de tel
grand général, une reconnaissance naïve
pour tel nom obscur qu'ils croyaient illustre ; et, au milieu de tout cela, une tou-
chante simplicité de cœur qui remplissait
le mien d'une sorte de vénération pour ce
mâle caractère, forgé dans de continuelles
adversités et dans les doûtes d'une position fausse et mauvaise.

J'ai le don, souvent douloureux, d'une
mémoire que le temps n'altère jamais; ma
vie entière, avec toutes ses journées,
m'est présente comme un tableau ineffa-
çable. Les traits ne se confondent jamais;
les couleurs ne pâlissent point. Quelques-
unes sont noires et ne perdent rien de
leur énergie qui m'afflige. Quelques fleurs
s'y trouvent aussi, dont les corolles sont
aussi fraîches qu'au jour qui les fit épa-
nouir, surtout lorsqu'une larme involon-
taire tombe sur elles de mes yeux et leur
donne un plus vif éclat.

La conversation la plus inutile de ma

vie m'est toujours présente à l'instant où
je l'évoque, et j'aurais trop à dire, si je
voulais faire des récits qui n'ont pour eux
que le mérite d'une vérité naïve ; mais,
rempli d'une amicale pitié pour la misère
des Armées, je choisirai dans mes souvenirs ceux qui se présentent à moi comme
un vêtement assez décent et d'une forme
digne d'envelopper une pensée choisie, et
de montrer combien de situations contrai-
res aux développements du caractère et
de l'intelligence dérivent de la Servitude
grossière et des mœurs arriérées des Armées permanentes.

Leur couronne est une couronne d'épines, et parmi ses pointes je ne pense pas qu'il en soit de plus douloureuse que celle de l'obéissance passive. Ce sera la première aussi dont je ferai sentir l'aiguillon. J'en parlerai d'abord, parce qu'elle me fournit le premier exemple des nécessités cruelles de l'Armée, en suivant l'ordre de mes années. Quand je remonte à mes plus lointains souvenirs, je trouve dans mon enfance militaire une anecdote qui m'est présente à la mémoire, et, telle qu'elle me fut racontée, je la redirai, sans chercher, mais sans éviter, dans aucun de

4.

mes récits, les traits minutieux de la vie
ou du caractère militaire, qui, l'un et
l'autre, je ne saurais trop le redire, sont
en retard sur l'esprit général et la marche
de la Nation, et sont, par conséquent,
toujours empreints d'une certaine puéri-
lité.

LAURETTE

OU

LE CACHET ROUGE

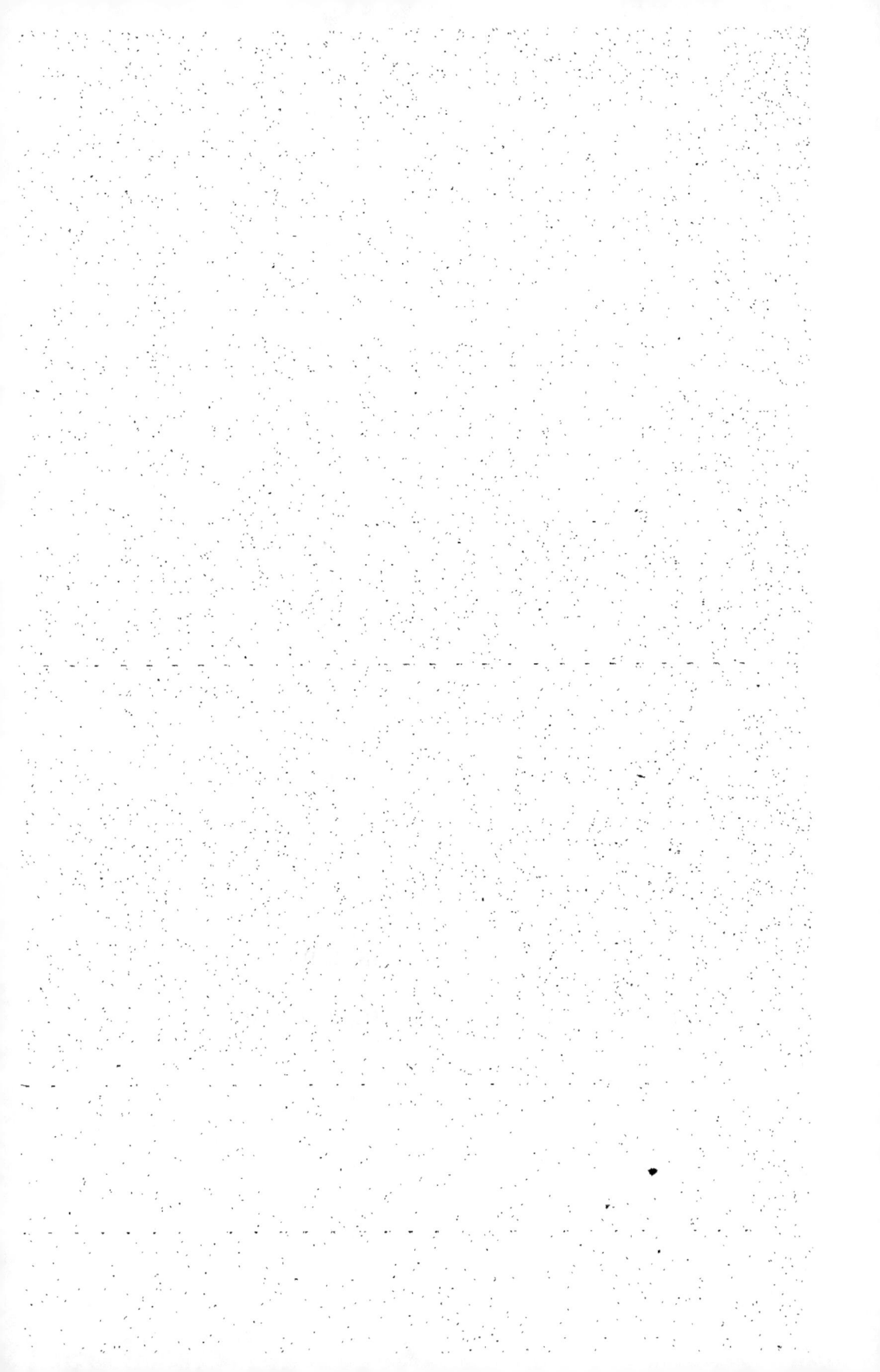

I

La grande route d'Artois et de Flandre
est longue et triste. Elle s'étend en ligne
droite, sans arbres, sans fossés, dans des
campagnes unies et pleines d'une boue
jaune en tout temps. Au mois de mars

1815, je passai sur cette route, et je fis une rencontre que je n'ai point oubliée depuis.

J'étais seul, j'étais à cheval, j'avais un bon manteau blanc, un habit rouge, un casque noir, des pistolets et un grand sabre; il pleuvait à verse depuis quatre jours et quatre nuits de marche, et je me souviens que je chantais *Joconde* à pleine voix. J'étais si jeune! — La maison du Roi, en 1814, avait été remplie d'enfants et de vieillards; l'Empire semblait avoir pris et tué les hommes.

Mes camarades étaient en avant, sur la

route, à la suite du roi Louis XVIII; je voyais leurs manteaux blancs et leurs habits rouges, tout à l'horizon au nord; les lanciers de Bonaparte, qui surveillaient et suivaient notre retraite pas à pas, montraient de temps en temps la flamme tricolore de leurs lances à l'autre horizon. Un fer perdu avait retardé mon cheval : il était jeune et fort, je le pressai pour rejoindre mon escadron; il partit au grand trot. Je mis la main à ma ceinture, elle était garnie d'or; j'entendis résonner le fourreau de mon sabre sur l'étrier, et je me sentis très-fier et parfaitement heureux.

5

Il pleuvait toujours, et je chantais toujours. Cependant je me tus bientôt, ennuyé
de n'entendre que moi, et je n'entendis
plus que la pluie et les pieds de mon cheval, qui pataugeaient dans les ornières.
Le pavé de la route manqua ; j'enfonçais,
il fallut prendre le pas. Mes grandes bottes
étaient enduites, en dehors, d'une croûte
épaisse de boue jaune comme de l'ocre ;
en dedans elles s'emplissaient de pluie. Je
regardai mes épaulettes d'or toutes neu-
ves, ma félicité et ma consolation ; elles
étaient hérissées par l'eau, cela m'affligea.

Mon cheval baissait la tête ; je fis comme

lui : je me mis à penser, et je me demandai, pour la première fois, où j'allais. Je
n'en savais absolument rien ; mais cela ne
m'occupa pas longtemps : j'étais certain
que, mon escadron étant là, là aussi était
mon devoir. Comme je sentais en mon
cœur un calme profond et inaltérable, j'en
rendis grâce à ce sentiment ineffable du
Devoir, et je cherchai à me l'expliquer.
Voyant de près comment des fatigues in-
accoutumées étaient gaiement portées par
des têtes si blondes ou si blanches, comment un avenir assuré était si cavalière-
ment risqué par tant d'hommes de vie

heureuse et mondaine, et prenant ma part
de cette satisfaction miraculeuse que donne
à tout homme la conviction qu'il ne se
peut soustraire à nulle des dettes de
l'Honneur, je compris que c'était une
chose plus facile et plus commune qu'on
ne pense, que l'*Abnégation*.

Je me demandais si l'Abnégation de
soi-même n'était pas un sentiment né avec
nous ; ce que c'était que ce besoin d'obéir
et de remettre sa volonté en d'autres
mains, comme une chose lourde et impor-
tune ; d'où venait le bonheur secret d'être
débarrassé de ce fardeau, et comment

l'orgueil humain n'en était jamais révolté.

Je voyais bien ce mystérieux instinct lier,

de toutes parts, les peuples en de puissants

faisceaux, mais je ne voyais nulle part

aussi complète et aussi redoutable que

dans les Armées la renonciation à ses ac-

tions, à ses paroles, à ses désirs et presque

à ses pensées. Je voyais partout la résis-

tance possible et usitée, le citoyen ayant,

en tous lieux, une obéissance clairvoyante

et intelligente qui examine et peut s'ar-

rêter. Je voyais même la tendre soumis-

sion de la femme finir où le mal commence

à lui être ordonné, et la loi prendre sa

défense ; mais l'obéissance militaire, passive et active en même temps, recevant
l'ordre et l'exécutant, frappant, les yeux
fermés, comme le Destin antique ! Je sui-
vais dans ses conséquences possibles cette
Abnégation du soldat, sans retour, sans
conditions et conduisant quelquefois à des
fonctions sinistres.

Je pensais ainsi en marchant au gré de
mon cheval, regardant l'heure à ma montre, et voyant le chemin s'allonger toujours en ligne droite, sans un arbre et
sans une maison, et couper la plaine jusqu'à l'horizon, comme une grande raie

jaune sur une toile grise. Quelquefois la
raie liquide se délayait dans la terre liquide qui l'entourait, et quand un jour un
peu moins pâle faisait briller cette triste
étendue de pays, je me voyais au milieu
d'une mer bourbeuse, suivant un courant
de vase et de plâtre.

En examinant avec attention cette raie
jaune de la route, j'y remarquai, à un
quart de lieue environ, un petit point noir
qui marchait. Cela me fit plaisir, c'était
quelqu'un. Je n'en détournai plus les yeux.
Je vis que ce point noir allait comme moi
dans la direction de Lille, et qu'il allait en

zigzag, ce qui annonçait une marche pénible. Je hâtai le pas et je gagnai du terrain sur cet objet, qui s'allongea un peu
et grossit à ma vue. Je repris le trot sur
un sol plus ferme et je crus reconnaître
une sorte de petite voiture noire. J'avais
faim, j'espérais que c'était la voiture d'une
cantinière, et, considérant mon pauvre
cheval comme une chaloupe, je lui fis
faire force de rames pour arriver à cette
île fortunée, dans cette mer où il s'enfon-
çait jusqu'au ventre quelquefois.

A une centaine de pas, je vins à distin-
guer clairement une petite charrette de

bois blanc, couverte de trois cercles et d'une toile cirée noire. Cela ressemblait à un petit berceau posé sur deux roues. Les roues s'embourbaient jusqu'à l'essieu; un petit mulet qui les tirait était péniblement conduit par un homme à pied qui tenait la bride. Je m'approchai de lui et le considérai attentivement.

C'était un homme d'environ cinquante ans, à moustaches blanches, fort et grand, le dos voûté à la manière des vieux officiers d'infanterie qui ont porté le sac. Il en avait l'uniforme, et l'on entrevoyait une épaulette de chef de bataillon sous un pe-

5.

tit manteau bleu et usé. Il avait un visage endurci, mais bon, comme à l'armée il y en a tant. Il me regarda de côté sous ses gros sourcils noirs, et tira lestement de sa charrette un fusil qu'il arma, en passant de l'autre côté de son mulet, dont il se faisait un rempart. Ayant vu sa cocarde blanche, je me contentai de montrer la manche de mon habit rouge, et il remit son fusil dans la charrette, en disant :

— Ah! c'est différent, je vous prenais pour un de ces lapins qui courent après nous. Voulez-vous boire la goutte?

— Volontiers, dis-je en m'approchant,

il y a vingt-quatre heures que je n'ai bu.

Il avait à son cou une noix de coco, très-bien sculptée, arrangée en flacon, avec un goulot d'argent, et dont il semblait tirer assez de vanité. Il me la passa, et j'y bus un peu de mauvais vin blanc avec beaucoup de plaisir; je lui rendis le coco.

— A la santé du roi! dit-il en buvant; il m'a fait officier de la Légion d'honneur, il est juste que je le suive jusqu'à la frontière. Par exemple, comme je n'ai que mon épaulette pour vivre, je reprendrai mon bataillon après, c'est mon devoir.

En parlant ainsi comme à lui-même, il
remit en marche son petit mulet, en disant
que nous n'avions pas de temps à perdre ;
et comme j'étais de son avis, je me remis
en chemin à deux pas de lui. Je le regardais toujours sans questionner, n'ayant
jamais aimé la bavarde indiscrétion assez
fréquente parmi nous.

Nous allâmes sans rien dire durant un
quart de lieue environ. Comme il s'arrêtait
alors pour faire reposer son pauvre petit
mulet, qui me faisait peine à voir, je m'arrêtai aussi et je tâchai d'exprimer l'eau
qui remplissait mes bottes à l'écuyère,

comme deux réservoirs où j'aurais eu les jambes trempées.

— Vos bottes commencent à vous tenir aux pieds, dit-il.

— Il y a quatre nuits que je ne les ai quittées, lui dis-je.

— Bah! dans huit jours vous n'y penserez plus, reprit-il avec sa voix enrouée ; c'est quelque chose que d'être seul, allez, dans des temps comme ceux où nous vivons. Savez-vous ce que j'ai là dedans?

— Non, lui dis-je.

— C'est une femme.

Je dis : — Ah ! — sans trop d'étonnement, et je me remis en marche tranquil-
lement, au pas. Il me suivit.

— Cette mauvaise brouette-là ne m'a
pas coûté bien cher, reprit-il, ni le mulet
non plus ; mais c'est tout ce qu'il me faut,
quoique ce chemin-là soit un *ruban de
queue* un peu long.

Je lui offris de monter mon cheval quand
il serait fatigué ; et comme je ne lui parlais que gravement et avec simplicité de
son équipage, dont il craignait le ridicule,
il se mit à son aise tout à coup, et, s'approchant de mon étrier, me frappa sur le

genou en me disant : — Eh bien, vous êtes un bon enfant, quoique dans les Rouges.

Je sentis dans son accent amer, en désignant ainsi les quatre Compagnies Rouges, combien de préventions haineuses avaient données à l'armée le luxe et les grades de ces corps d'officiers.

— Cependant, ajouta-t-il, je n'accepterai pas votre offre, vu que je ne sais pas monter à cheval et que ce n'est pas mon affaire, à moi.

— Mais, Commandant, les officiers supérieurs comme vous y sont obligés.

— Bah ! une fois par an, à l'inspection,
et encore sur un cheval de louage. Moi j'ai
toujours été marin, et depuis fantassin ; je
ne connais pas l'équitation.

Il fit vingt pas en me regardant de côté
de temps à autre, comme s'attendant à
une question, et comme il ne venait pas
un mot, il poursuivit :

— Vous n'êtes pas curieux, par exemple ! cela devrait vous étonner, ce que je
dis là.

— Je m'étonne bien peu, dis-je.

— Oh ! cependant si je vous contais

comment j'ai quitté la mer, nous ver-
rions.

— Eh bien, repris-je, pourquoi n'es-
sayez-vous pas ? cela vous réchauffera, et
cela me fera oublier que la pluie m'entre
dans le dos et ne s'arrête qu'à mes ta-
lons.

Le bon chef de bataillon s'apprêta so-
lennellement à parler, avec un plaisir
d'enfant. Il rajusta sur sa tête le shako
couvert de toile cirée, et il donna ce coup
d'épaule que personne ne peut se repré-
senter s'il n'a servi dans l'infanterie, ce
coup d'épaule que donne le fantassin à son

sac pour le hausser et alléger un moment son poids ; c'est une habitude du soldat qui, lorsqu'il devient officier, devient un tic. Après ce geste convulsif, il but encore un peu de vin dans son coco, donna un coup de pied d'encouragement dans le ventre du petit mulet, et commença.

II

HISTOIRE DU CACHET ROUGE

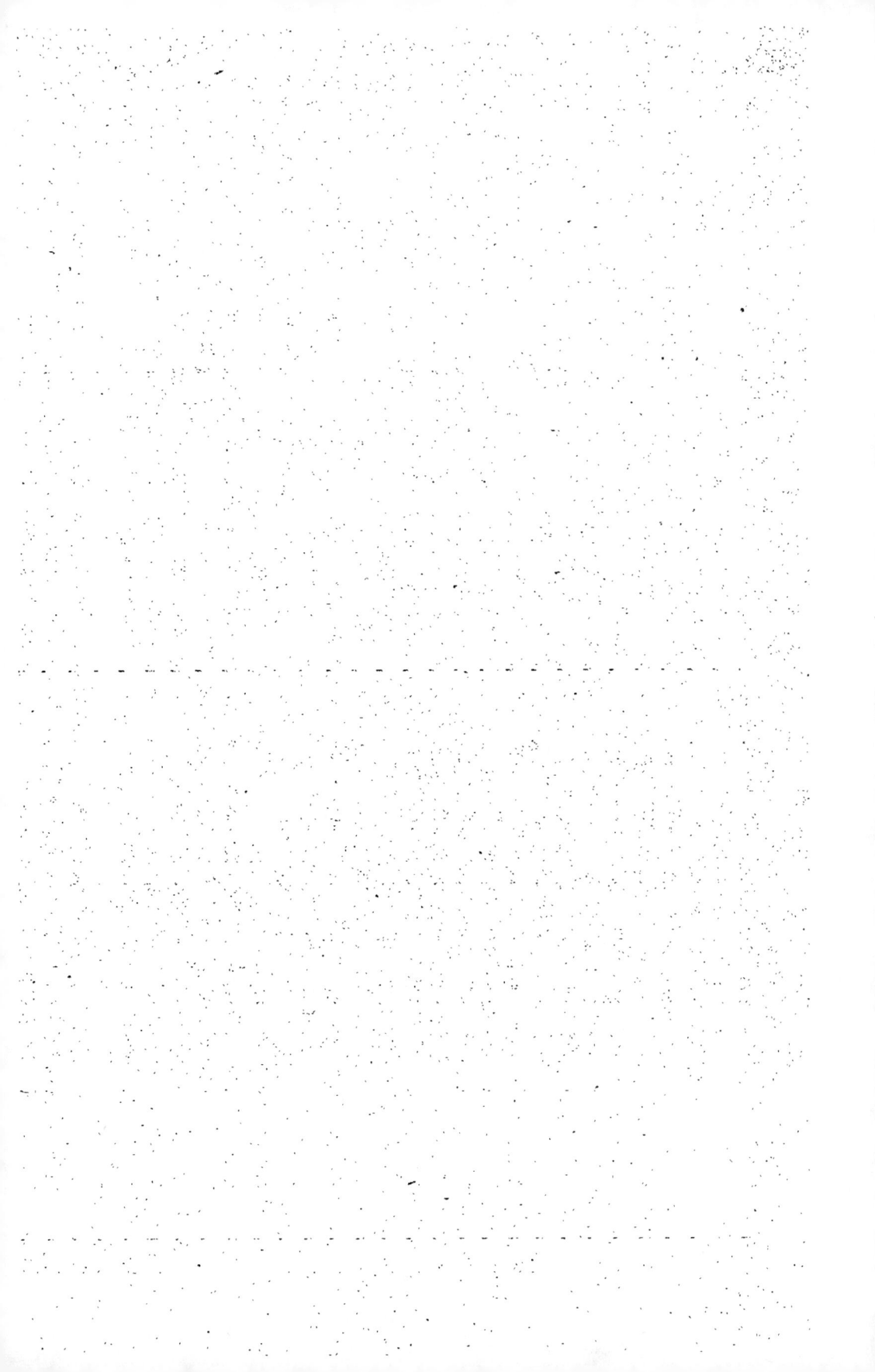

II

HISTOIRE DU CACHET ROUGE

— Vous saurez d'abord, mon enfant, que je suis né à Brest ; j'ai commencé par être enfant de troupe, gagnant ma demi-ration et mon demi-prêt dès l'âge de neuf ans, mon père étant soldat aux gardes.

Mais comme j'aimais la mer, une belle nuit, pendant que j'étais en congé à Brest, je me cachai à fond de cale d'un bâtiment marchand qui partait pour les Indes ; on ne m'aperçut qu'en pleine mer, et le capitaine aima mieux me faire mousse que de me jeter à l'eau. Quand vint la Révolution, j'avais fait du chemin, et j'étais à mon tour devenu capitaine d'un petit bâtiment marchand assez propre, ayant écumé la mer quinze ans. Comme l'ex-marine royale, vieille bonne marine, ma foi ! se trouva tout à coup dépeuplée d'officiers, on prit des capitaines dans la ma-

rine marchande. J'avais eu quelques affaires de flibustiers que je pourrai vous
dire plus tard : on me donna le commandement d'un brick de guerre nommé *le
Marat*.

Le 28 fructidor 1797, je reçus l'ordre
d'appareiller pour Cayenne. Je devais y
conduire soixante soldats et un *déporté* qui
restait des cent quatre-vingt-treize que la
frégate *la Décade* avait pris à bord quelques jours auparavant. J'avais ordre de
traiter cet individu avec ménagement, et
la première lettre du Directoire en renfer-
mait une seconde, scellée de trois cachets

rouges, au milieu desquels il y en avait un démesuré. J'avais défense d'ouvrir cette lettre avant le premier degré de latitude nord, du vingt-sept au vingt-huitième de longitude, c'est-à-dire près de passer la ligne.

Cette grande lettre avait une figure toute particulière. Elle était longue, et fermée de si près que je ne pus rien lire entre les angles ni à travers l'enveloppe. Je ne suis pas superstitieux, mais elle me fit peur, cette lettre. Je la mis dans ma chambre, sous le verre d'une mauvaise petite pendule anglaise clouée au-dessus de mon lit. Ce lit-là était un vrai lit de marin, comme vous savez qu'ils sont. Mais je ne sais, moi, ce que je dis : vous avez tout au plus seize ans, vous ne pouvez avoir vu ça.

La chambre d'une reine ne peut pas être aussi proprement rangée que celle d'un marin, soit dit sans vouloir nous vanter. Chaque chose a sa petite place et son petit clou. Rien ne remue. Le bâtiment peut rouler tant qu'il veut sans rien dé-ranger. Les meubles sont faits selon la forme du vaisseau et de la petite chambre qu'on a. Mon lit était un coffre. Quand on

6

l'ouvrait, j'y couchais ; quand on le fermait
c'était mon sofa, et j'y fumais ma pipe.
Quelquefois c'était ma table ; alors on
s'asseyait sur deux petits tonneaux qui
étaient dans la chambre. Mon parquet
était ciré et frotté comme de l'acajou, et
brillant comme un bijou, un vrai miroir !
Oh ! c'était une jolie petite chambre ! Et
mon brick avait bien son prix aussi. On
s'y amusait d'une fière façon, et le voyage
commença cette fois assez agréablement,
si ce n'était... Mais n'anticipons pas.

Nous avions un joli vent nord-nord-ouest,
et j'étais occupé à mettre cette lettre sous

le verre de ma pendule, quand mon *déporté* entra dans ma chambre ; il tenait
par la main une belle petite de dix-sept
ans environ. Lui me dit qu'il en avait dix-
neuf ; beau garçon, quoiqu'un peu pâle
et trop blanc pour un homme. C'était un
homme cependant, et un homme qui se
comporta dans l'occasion mieux que bien
des anciens n'auraient fait : vous allez le
voir. Il tenait sa petite femme sous le bras ;
elle était fraîche et gaie comme une enfant. Ils avaient l'air de deux tourtereaux.
Ça me faisait plaisir à voir, moi. Je leur
dis :

— Eh bien, mes enfants! vous venez
faire visite au vieux capitaine ; c'est gen-
til à vous. Je vous emmène un peu loin ;
mais tant mieux, nous aurons le temps de
nous connaître. Je suis fâché de recevoir
madame sans mon habit; mais c'est que
je cloue là-haut cette grande coquine de
lettre. Si vous vouliez m'aider un peu?

Ça faisait vraiment de bons petits enfants.
Le petit mari prit le marteau et la petite
femme les clous, et ils me les passaient à
mesure que je les demandais ; et elle me
disait : *A droite! à gauche! capitaine!* tout
en riant, parce que le tangage faisait bal-

lotter la pendule. Je l'entends encore d'ici
avec sa petite voix : *A gauche ! à droite !
capitaine !* Elle se moquait de moi. — Ah !
je dis, petite méchante ! je vous ferai
gronder par votre mari, allez. — Alors
elle lui sauta au cou et l'embrassa. Ils
étaient vraiment gentils, et la connaissance
se fit comme ça. Nous fûmes tout de suite
bons amis.

Ce fut aussi une jolie traversée. J'eus
toujours un temps fait exprès. Comme je
n'avais jamais eu que des visages noirs à
mon bord, je faisais venir à ma table,
tous les jours, mes deux petits amoureux.

6.

Cela m'égayait. Quand nous avions mangé
le biscuit et le poisson, la petite femme et
son mari restaient à se regarder comme
s'ils ne s'étaient jamais vus. Alors je me
mettais à rire de tout mon cœur et me
moquais d'eux. Ils riaient aussi avec moi.
Vous auriez ri de nous voir comme trois
imbéciles, ne sachant pas ce que nous
avions. C'est que c'était vraiment plaisant
de les voir s'aimer comme ça ! Ils se trouvaient bien partout ; ils trouvaient bon
tout ce qu'on leur donnait. Cependant ils
étaient à la ration comme nous tous ; j'y
ajoutais seulement un peu d'eau-de-vie

suédoise quand ils dînaient avec moi, mais
un petit verre, pour tenir mon rang. Ils
couchaient dans un hamac, où le vaisseau
les roulait comme ces deux poires que j'ai
là dans mon mouchoir mouillé. Ils étaient
alertes et contents. Je faisais comme vous,
je ne questionnais pas. Qu'avais-je besoin
de savoir leur nom et leurs affaires, moi,
passeur d'eau? Je les portais de l'autre
côté de la mer, comme j'aurais porté deux
oiseaux de paradis.

J'avais fini, après un mois, par les regarder comme mes enfants. Tout le jour,
quand je les appelais, ils venaient s'asseoir

auprès de moi. Le jeune homme écrivait
sur ma table, c'est-à-dire sur mon lit ; et,
quand je voulais, il m'aidait à faire mon
point : il le sut bientôt faire aussi bien que
moi ; j'en étais quelquefois tout inter-
dit. La jeune femme s'asseyait sur un petit
baril et se mettait à coudre.

Un jour qu'ils étaient posés comme cela,
je leur dis :

— Savez-vous, mes petits amis, que
nous faisons un tableau de famille comme
nous voilà ? Je ne veux pas vous interroger ; mais probablement vous n'avez pas
plus d'argent qu'il ne vous en faut, et

vous êtes joliment délicats tous deux pour
bêcher et piocher comme font les déportés à Cayenne. C'est un vilain pays, de
tout mon cœur, je vous le dis ; mais moi,
qui suis une vieille peau de loup desséchée
au soleil, j'y vivrais comme un seigneur.
Si vous aviez, comme il me semble (sans
vouloir vous interroger), tant soit peu
d'amitié pour moi, je quitterais assez volontiers mon vieux brick, qui n'est qu'un
sabot à présent, et je m'établirais là avec
vous, si cela vous convient. Moi, je n'ai
pas plus de famille qu'un chien, cela m'en-
nuie ; vous me feriez une petite société. Je

vous aiderais à bien des choses; et j'ai
amassé une bonne pacotille de contrebande
assez honnête, dont nous vivrions, et que
je vous laisserais lorsque je viendrais à
tourner l'œil, comme on dit poliment.

Ils restèrent tout ébahis à se regarder,
ayant l'air de croire que je ne disais pas
vrai; et la petite courut, comme elle faisait toujours, se jeter au cou de l'autre
et s'asseoir sur ses genoux, toute rouge
et en pleurant. Il la serra bien fort dans
ses bras, et je vis aussi des larmes dans
ses yeux; il me tendit la main et devint
plus pâle qu'à l'ordinaire. Elle lui parlait

bas, et ses grands cheveux blonds s'en
allèrent sur son épaule; son chignon s'était
défait comme un câble qui se déroule tout
à coup, parce qu'elle était vive comme un
poisson : ces cheveux-là, si vous les aviez
vus ! c'était comme de l'or. Comme ils
continuaient à se parler bas, le jeune
homme lui baisant le front de temps
en temps et elle pleurant, cela m'impa-
tienta:

— Eh bien, ça vous va-t-il? leur dis-je
à la fin.

— Mais... mais, capitaine, vous êtes
bien bon, dit le mari ; mais c'est que...

vous ne pouvez pas vivre avec des *déportés*,

et... Il baissa les yeux.

— Moi, dis-je, je ne sais ce que vous

avez fait pour être déporté, mais vous me

direz ça un jour, ou pas du tout, si vous

voulez. Vous ne m'avez pas l'air d'avoir

la conscience bien lourde, et je suis bien

sûr que j'en ai fait bien d'autres que vous

dans ma vie, allez, pauvres innocents. Par

exemple, tant que vous serez sous ma

garde, je ne vous lâcherai pas, il ne faut

pas vous y attendre ; je vous couperais

plutôt le cou comme à deux pigeons.

Mais une fois l'épaulette de côté, je ne

connais plus ni amiral ni rien du tout.

— C'est que, reprit-il en secouant tristement sa tête brune, quoique un peu
poudrée, comme cela se faisait encore à
l'époque, c'est que je crois qu'il serait
dangereux pour vous, capitaine, d'avoir
l'air de nous connaître. Nous rions, parce
que nous sommes jeunes ; nous avons l'air
heureux, parce que nous nous aimons ;
mais j'ai de vilains moments quand je
pense à l'avenir, et je ne sais pas ce que
deviendra ma pauvre Laure.

Il serra de nouveau la tête de la jeune
femme sur sa poitrine.

7

— C'était bien là ce que je devais dire au capitaine ; n'est-ce pas, mon enfant, que vous auriez dit la même chose ?

Je pris ma pipe et je me levai, parce que je commençais à me sentir les yeux un peu mouillés, et que ça ne me va pas, à moi.

— Allons ! allons ! dis-je, ça s'éclaircira par la suite. Si le tabac incommode madame, son absence est nécessaire.

Elle se leva, le visage tout en feu et tout humide de larmes, comme un enfant qu'on a grondé.

— D'ailleurs, me dit-elle en regardant

ma pendule, vous n'y pensez pas, vous
autres; et la lettre !

Je sentis quelque chose qui me fit de
l'effet. J'eus comme une douleur aux cheveux quand elle me dit cela.

— Pardieu ! je n'y pensais plus, moi,
dis-je. Ah ! par exemple, voilà une belle
affaire ! Si nous avions passé le premier
degré de latitude nord, il ne me resterait
plus qu'à me jeter à l'eau. — Faut-il que
j'aie du bonheur, pour que cette enfant-là
m'ait rappelé cette grande coquine de
lettre !

Je regardai vite ma carte de marine, et

je vis que nous en avions pour une se-
maine au moins, j'eus la tête soulagée,
mais pas le cœur, sans savoir pourquoi.

— C'est que le Directoire ne badine
pas pour l'article obéissance ! dis-je. Allons,
je suis au courant cette fois-ci encore. Le
temps a filé si vite que j'avais tout à fait
oublié cela.

Eh bien, monsieur, nous restâmes tous
trois le nez en l'air à regarder cette lettre,
comme si elle allait nous parler. Ce qui
me frappa beaucoup, c'est que le soleil,
qui glissait par la claire-voie, éclairait le

verre de la pendule et faisait paraître le grand cachet rouge et les autres petits, comme les traits d'un visage au milieu du feu.

— Ne dirait-on pas que les yeux lui sortent de la tête ? leur dis-je pour les amuser.

— Oh! mon ami, dit la jeune femme, cela ressemble à des taches de sang.

— Bah! bah! dit son mari en la prenant sous le bras, vous vous trompez, Laure; cela ressemble au billet de *faire part* d'un mariage. Venez vous reposer,

venez ; pourquoi cette lettre vous occupe-
t-elle ?

Ils se sauvèrent comme si un revenant
les avait suivis, et montèrent sur le pont.
Je restai seul avec cette grande lettre, et
je me souviens qu'en fumant ma pipe je la
regardais toujours, comme si ses yeux
rouges avaient attaché les miens, en les
humant comme font les yeux de serpent.
Sa grande figure pâle, son troisième cachet, plus grand que les yeux, tout ouvert,
tout béant comme une gueule de loup...
cela me mit de mauvaise humeur ; je pris
mon habit et je l'accrochai à la pendule,

pour ne plus voir ni l'heure ni la chienne
de lettre.

J'allai achever ma pipe sur le pont. J'y
restai jusqu'à la nuit.

Nous étions alors à la hauteur des îles
du cap Vert. *Le Marat* filait, vent en poupe,
ses dix nœuds sans se gêner. La nuit était
la plus belle que j'aie jamais vue de ma
vie près du tropique. La lune se levait à
l'horizon, large comme un soleil ; la mer
la coupait en deux et devenait toute blanche comme une nappe de neige couverte
de petits diamants. Je regardais cela en
fumant assis sur mon banc. L'officier de

quart et les matelots ne disaient rien et
regardaient comme moi l'ombre du brick
sur l'eau. J'étais content de ne rien entendre. J'aime le silence et l'ordre, moi.
J'avais défendu tous les bruits et tous les
feux. J'entrevis cependant une petite ligne
rouge presque sous mes pieds. Je me serais
bien mis en colère tout de suite ; mais
comme c'était chez mes petits *déportés*, je
voulus m'assurer de ce qu'on faisait avant
de me fâcher. Je n'eus que la peine de
me baisser, je pus voir par le grand pan-
neau dans la petite chambre, et je regardai.

La jeune femme était à genoux et faisait ses prières. Il y avait une petite lampe qui l'éclairait. Elle était en chemise; je voyais d'en haut ses épaules nues; ses petits pieds nus et ses grands cheveux blonds tout épars. Je pensai à me retirer, mais je me dis : — Bah ! un vieux soldat, qu'est-ce que ça fait ? Et je restai à voir.

Son mari était assis sur une petite malle, la tête sur ses mains, et la regardait prier. Elle leva la tête en haut comme au ciel, et je vis ses grands yeux bleus mouillés comme ceux d'une Madeleine. Pendant

7.

qu'elle priait, il prenait le bout de ses longs cheveux et les baisait sans faire de bruit. Quand elle eut fini, elle fit un signe de croix en souriant avec l'air d'aller en paradis. Je vis qu'il faisait comme elle un signe de croix, mais comme s'il en avait honte. Au fait, pour un homme c'est singulier.

Elle se leva debout, l'embrassa, et s'étendit la première dans son hamac, où il la jeta sans rien dire, comme on couche un enfant dans une balançoire. Il faisait une chaleur étouffante : elle se sentait bercée avec plaisir par le mouvement du navire et paraissait déjà commencer à s'endormir. Ses petits pieds blancs étaient croisés et élevés au niveau de sa tête, et tout son corps enveloppé de sa longue chemise blanche. C'était un amour, quoi !

— Mon ami, dit-elle en dormant à moitié, n'avez-vous pas sommeil ? Il est bien tard, sais-tu ?

Il restait toujours le front sur ses mains sans répondre. Cela l'inquiéta un peu, la bonne petite, et elle passa sa jolie tête hors du hamac, comme un oiseau hors de son nid,

et le regarda la bouche entr'ouverte, n'o-
sant plus parler.

Enfin il lui dit :

— Eh ! ma chère Laure, à mesure que
nous avançons vers l'Amérique, je ne
puis m'empêcher de devenir plus triste. Je
ne sais pourquoi, il me paraît que le temps
le plus heureux de notre vie aura été
celui de la traversée.

— Cela me semble aussi, dit-elle ; je
voudrais n'arriver jamais.

Il la regarda en joignant les mains avec
un transport que vous ne pouvez pas vous
figurer.

— Et cependant, mon ange, vous pleu-
rez toujours en priant Dieu, dit-il ; cela
m'afflige beaucoup, parce que je sais bien
ceux à qui vous pensez, et je crois que
vous avez regret de ce que vous avez
fait.

— Moi, du regret ! dit-elle avec un air
bien peiné ; moi, du regret de t'avoir
suivi ! Crois-tu que, pour t'avoir appar-
tenu si peu, je t'aie moins aimé ? N'est-on
pas une femme, ne sait-on pas ses devoirs
à dix-sept ans ? Ma mère et mes sœurs
n'ont-elles pas dit que c'était mon devoir
de vous suivre à la Guyane ? N'ont-elles

pas dit que je ne faisais là rien de surpre-
nant? Je m'étonne seulement que vous
en ayez été touché, mon ami; tout cela
est naturel. Et à présent je ne sais comment vous pouvez croire que je regrette
rien, quand je suis avec vous pour vous
aider à vivre, ou pour mourir avec vous
si vous mourez.

Elle disait tout ça d'une voix si douce
qu'on aurait cru que c'était une musique.
J'en étais tout ému et je dis :

— Bonne petite femme, va!

Le jeune homme se mit à soupirer en
frappant du pied et en baisant une jolie

main et un bras nu qu'elle lui tendait.

— Laurette, ma Laurette ! disait-il,
quand je pense que si nous avions retardé
de quatre jours notre mariage, on m'arrêtait seul, et je partais tout seul, je ne
puis me pardonner.

Alors la belle petite pencha hors du
hamac ses deux beaux bras blancs, nus
jusqu'aux épaules, et lui caressa le front,
les cheveux et les yeux, en lui prenant la
tête comme pour l'emporter et le cacher
dans sa poitrine. Elle sourit comme un enfant, et lui dit une quantité de petites
choses de femme, comme moi je n'avais

jamais rien entendu de pareil. Elle lui
fermait la bouche avec ses doigts pour
parler toute seule. Elle disait, en jouant
et en prenant ses longs cheveux comme
un mouchoir pour lui essuyer les yeux :

— Est-ce que ce n'est pas bien mieux
d'avoir avec toi une femme qui t'aime,
dis, mon ami ? Je suis bien contente, moi,
d'aller à Cayenne ; je verrai des sauvages,
des cocotiers comme ceux de Paul et Vir-
ginie, n'est-ce pas ? Nous planterons chacun le nôtre. Nous verrons qui sera le
meilleur jardinier. Nous nous ferons une
petite case pour nous deux. Je travaillerai

toute la journée et toute la nuit, si tu veux.
Je suis forte ; tiens, regarde mes bras ; —
tiens, je pourrais presque te soulever. Ne
te moque pas de moi ; je sais très-bien
broder, d'ailleurs; et n'y a-t-il pas une
ville quelque part par là où il faille des
brodeuses ? Je donnerai des leçons de des-
sin et de musique si l'on veut aussi ; et si
l'on y sait lire, tu écriras, toi.

Je me souviens que le pauvre garçon
fut si désespéré qu'il jeta un grand cri
lorsqu'elle dit cela.

— Écrire ! — criait-il, — écrire !

Et il se prit la main droite avec la gauche en la serrant au poignet.

— Ah ! écrire ? pourquoi ai-je jamais su écrire ! Écrire ! mais c'est le métier d'un fou !... — J'ai cru à leur liberté de la presse ! — Où avais-je l'esprit ? Eh ! pourquoi faire ? pour imprimer cinq ou six pauvres idées assez médiocres, lues seulement par ceux qui les aiment, jetées au feu par ceux qui les haïssent, ne servant à rien qu'à nous faire persécuter ! Moi, encore passe ; mais toi, bel ange, devenue femme depuis quatre jours à peine ! qu'avais-tu fait ? Explique-moi, je te prie, comment je t'ai permis d'être bonne à ce point de me suivre ici? Sais-tu seulement où tu es, pauvre petite? Et où tu vas, le sais-tu? Bientôt, mon enfant, vous serez à seize cents lieues de votre mère et de vos sœurs... et pour moi! tout cela pour moi!

Elle cacha sa tête un moment dans le hamac; et moi, d'en haut, je vis qu'elle pleurait; mais lui, d'en bas, ne voyait pas son visage; et quand elle le sortit de la toile, c'était en souriant pour lui donner de la gaieté.

— Au fait, nous ne sommes pas riches

à présent, dit-elle en riant aux éclats; tiens, regarde ma bourse, je n'ai plus qu'un louis tout seul. Et toi ?

Il se mit à rire aussi comme un enfant :

— Ma foi, moi, j'avais encore un écu, mais je l'ai donné au petit garçon qui a porté ta malle.

— Ah bah ! qu'est-ce que ça fait ? dit-elle en faisant claquer ses petits doigts blancs comme des castagnettes ; on n'est jamais plus gai que lorsqu'on n'a rien ; et n'ai-je pas en réserve les deux bagues de diamants que ma mère m'a données ? cela

est bon partout et pour tout, n'est-ce pas?
Quand tu voudras nous les vendrons. D'ailleurs je crois que le bonhomme de capitaine ne dit pas toutes ses bonnes inten-
tions pour nous, et qu'il sait bien ce qu'il
y a dans la lettre. C'est sûrement une re-
commandation pour nous au gouverneur
de Cayenne.

— Peut-être, dit-il; qui sait?

— N'est-ce pas? reprit sa petite femme;
tu es si bon que je suis sûre que le gouvernement t'a exilé pour un peu de temps,
mais ne t'en veut pas.

Elle avait dit ça si bien! m'appelant le

bonhomme de capitaine, que j'en fus tout remué et tout attendri ; et je me réjouis même, dans le cœur, de ce qu'elle avait peut-être deviné juste sur la lettre cacheté. Ils commençaient encore à s'embrasser ; je frappai du pied vivement sur le pont pour les faire finir.

Je leur criai :

— Eh ! dites donc, mes petits amis ! on a l'ordre d'éteindre tous les feux du bâtiment. Soufflez-moi votre lampe, s'il vous plaît.

Ils soufflèrent la lampe, et je les entendis rire en jasant tout bas dans l'ombre comme des écoliers. Je me remis à me promener seul sur mon tillac en fumant ma pipe. Toutes les étoiles du tropique étaient à leur poste, larges comme de petites lunes. Je les regardais en respirant un air qui sentait frais et bon.

Je me disais que certainement ces bons petits avaient deviné la vérité, et j'en étais tout ragaillardi. Il y avait bien à parier qu'un des cinq directeurs s'était ravisé et me les recommandait; je ne m'expliquais pas bien pourquoi, parce qu'il y a des affaires d'État que n'ai jamais comprises, moi; mais enfin je croyais cela, et, sans savoir pourquoi, j'étais content.

Je descendis dans ma chambre, et j'allai regarder la lettre sous mon vieil uniforme. Elle avait une autre figure ; il me semble qu'elle riait, et ses cachets paraissaient couleur de rose. Je ne doutai plus de sa bonté, et je lui fis un petit signe d'amitié.

Malgré cela, je remis mon habit dessus ; elle m'ennuyait.

Nous ne pensâmes plus du tout à la regarder pendant quelques jours, et nous étions gais ; mais quand nous approchâmes du premier degré de lati-

tude, nous commençâmes à ne plus parler.

Un beau matin, je m'éveillai assez
étonné de ne sentir aucun mouvement
dans le bâtiment. A vrai dire, je ne dors
jamais que d'un œil, comme on dit, et le
roulis me manquant, j'ouvris les deux
yeux. Nous étions tombés dans un calme
plat, et c'était sous le 1° de latitude nord,
au 27° de longitude. Je mis le nez sur le
pont : la mer était lisse comme une jatte
d'huile; toutes les voiles ouvertes tombaient collées aux mâts comme des ballons
vides. Je dis tout de suite : — J'aurai le

8

temps de te lire, va! en regardant de travers du côté de la lettre. — J'attendis jusqu'au soir, au coucher du soleil. Cependant il fallait bien en venir là : j'ouvris la
pendule, et j'en tirai vivement l'ordre cacheté. — Eh bien, mon cher, je le tenais
à la main depuis un quart d'heure que je
ne pouvais pas encore le lire. Enfin je me
dis : — C'est par trop fort! et je brisai les
trois cachets d'un coup de pouce; et le
grand cachet rouge, je le broyai en pous-
sière.

Après avoir lu, je me frottai les yeux,
croyant m'être trompé.

Je relus la lettre tout entière; je la relus encore ; je recommençai en la prenant par la dernière ligne et remontant à la première. Je n'y croyais pas. Mes jambes flageolaient un peu sous moi, je m'assis ; j'avais un certain tremblement sur la peau du visage ; je me frottai un peu les joues avec du rhum, je m'en mis dans le creux des mains, je me faisais pitié à moi-même d'être si bête que cela ; mais ce fut l'affaire d'un moment; je montai prendre l'air.

Laurette était ce jour-là si jolie, que je ne voulus pas m'approcher d'elle : elle avait une petite robe blanche toute simple, les bras nus jusqu'au col, et ses grands cheveux tombants comme elle les portait toujours. Elle s'amusait à tremper dans la mer son autre robe au bout d'une corde, et riait en cherchant à arrêter les goëmons, plantes marines semblables à des grappes de raisin, et qui flottent sur les eaux des Tropiques.

— Viens donc voir les raisins! viens donc vite! criait-elle; et son ami s'appuyait sur elle, et se penchait, et ne regardait pas l'eau, parce qu'il la regardait d'un air tout attendri.

Je fis signe à ce jeune homme de venir

me parler sur le gaillard d'arrière. Elle

se retourna. Je ne sais quelle figure j'avais,

mais elle laissa tomber sa corde; elle le

prit violemment par le bras, et lui dit :

— Oh! n'y va pas, il est tout pâle.

Cela se pouvait bien ; il y avait de quoi

pâlir. Il vint cependant près de moi sur le

gaillard ; elle nous regardait, appuyée

contre le grand mât. Nous nous prome-

nâmes longtemps de long en large sans

rien dire. Je fumais un cigare que je trou-

vais amer, et je le crachai dans l'eau. Il

me suivait de l'œil ; je lui pris le bras;

8

j'étouffais, ma foi, ma parole d'honneur !
j'étouffais.

— Ah çà ! lui dis-je enfin, contez-moi
donc, mon petit ami, contez-moi un peu
votre histoire. Que diable avez-vous donc
fait à ces chiens d'avocats qui sont là
comme cinq morceaux de roi ? Il paraît
qu'ils vous en veulent fièrement ! C'est
drôle !

Il haussa les épaules en penchant la
tête (avec un air si doux, le pauvre garçon !), et me dit :

— O mon Dieu ! capitaine, pas grand'

chose, allez : trois couplets de vaudeville
sur le Directoire, voilà tout.

— Pas possible! dis-je.

— O mon Dieu, si! Les couplets n'é-
taient même pas trop bons. J'ai été arrêté
le 15 fructidor et conduit à la Force, jugé
le 16, et condamné à mort d'abord, et
puis à la déportation par bienveillance.

— C'est drôle! dis-je. Les Directeurs
sont des camarades bien susceptibles ; car
cette lettre que vous savez me donne ordre
de vous fusiller.

Il ne répondit pas, et sourit en faisant
une assez bonne contenance pour un jeune

homme de dix-neuf ans. Il regarda seulement sa femme, et s'essuya le front, d'où
tombaient des gouttes de sueur. J'en avais
autant au moins sur la figure, moi, et
d'autres gouttes aux yeux.

Je repris :

— Il paraît que ces citoyens-là n'ont
pas voulu faire votre affaire sur terre, ils
ont pensé qu'ici ça ne paraîtrait pas tant.
Mais pour moi, c'est fort triste; car vous
avez beau être un bon enfant, je ne peux
pas m'en dispenser ; l'arrêt de mort est là
en règle, et l'ordre d'exécution signé, pa-
raphé, scellé; il n'y manque rien.

Il me salua très-poliment en rougissant.

— Je ne demande rien, capitaine, dit-il avec une voix aussi douce que de coutume; je serais désolé de vous faire manquer à vos devoirs. Je voudrais seulement parler un peu à Laure, et vous prier de la protéger dans le cas où elle me survivrait, ce que je ne crois pas.

— Oh! pour cela, c'est juste, lui dis-je, mon garçon; si cela ne vous déplaît pas, je la conduirai à sa famille à mon retour en France, et je ne la quitterai que quand elle ne voudra plus me voir. Mais à mon sens, vous pouvez vous flatter qu'elle ne reviendra pas de ce coup-là ; pauvre petite femme !

Il me prit les deux mains, les serra et me dit :

— Mon brave capitaine, vous souffrez plus que moi de ce qui vous reste à faire, je le sens bien ; mais qu'y pouvez-vous ? Je compte sur vous pour lui conserver le peu qui m'appartient, pour la protéger, pour veiller à ce qu'elle reçoive ce que sa vieille mère pourrait lui laisser, n'est-ce pas ? pour garantir sa vie, son honneur, n'est-ce pas ? et aussi pour qu'on ménage toujours sa santé. — Tenez, ajouta-t-il

plus bas, j'ai à vous dire qu'elle est très-
délicate ; elle a souvent la poitrine affectée
jusqu'à s'évanouir plusieurs fois par jour ;
il faut qu'elle se couvre bien toujours.
Enfin vous remplacerez son père, sa mère
et moi autant que possible, n'est-il pas
vrai? Si elle pouvait conserver les bagues
que sa mère lui a données, cela me ferait
bien plaisir. Mais si on a besoin de les
vendre pour elle, il le faudra bien. Ma
pauvre Laurette! voyez comme elle est
belle!

Comme ça commençait à devenir par
trop tendre, cela m'ennuya, et je me mis

à froncer le sourcil ; je lui avais parlé d'un air gai pour ne pas m'affaiblir ; mais je n'y tenais plus : — Enfin, suffit, lui dis-je, entre braves gens on s'entend de reste. Allez lui parler, et dépêchons-nous.

Je lui serrai la main en ami, et comme il ne quittait pas la mienne et me regardait avec un air singulier : — Ah çà ! si j'ai un conseil à vous donner, ajoutai-je, c'est de ne pas lui parler de ça. Nous arrangerons la chose sans qu'elle s'y attende, ni vous non plus, soyez tranquille ; ça me regarde.

— Ah ! c'est différent, dit-il, je ne sa-

vais pas.... cela vaut mieux, en effet.
D'ailleurs, les adieux ! les adieux ! cela
affaiblit.

— Oui, oui, lui dis-je, ne soyez pas
enfant, ça vaut mieux. Ne l'embrassez
pas, mon ami, ne l'embrassez pas, si vous
pouvez, ou vous êtes perdu.

Je lui donnai encore une bonne poignée
de main, et je le laissai aller. Oh ! c'était
dur pour moi, tout cela.

Il me parut qu'il gardait, ma foi, bien
le secret : car ils se promenèrent, bras
dessus, bras dessous, pendant un quart
d'heure, et ils revinrent au bord de l'eau,

reprendre la corde et la robe qu'un de
mes mousses avait repêchées.

La nuit vint tout à coup. C'était le moment que j'avais résolu de prendre. Mais
ce moment a duré pour moi jusqu'au jour
où nous sommes, et je le traînerai toute
ma vie comme un boulet.

Ici, le vieux commandant fut forcé de
s'arrêter. Je me gardai de parler, de peur

de détourner ses idées ; il reprit en se frap-

pant la poitrine :

————

— Ce moment-là, je vous le dis, je ne

peux pas encore le comprendre. Je sentis

la colère me prendre aux cheveux, et en

même temps je ne sais quoi me faisait

obéir et me poussait en avant. J'appelai

les officiers et je dis à l'un d'eux :

—Allons, un canot à la mer... puisque

à présent nous sommes des bourreaux!
Vous y mettrez cette femme, et vous l'em-
mènerez au large jusqu'à ce que vous
entendiez des coups de fusil; alors vous
reviendrez. — Obéir à un morceau de
papier! car ce n'était que cela enfin! Il
fallait qu'il y eût quelque chose dans l'air
qui me poussât. J'entrevis de loin ce jeune
homme... oh! c'était affreux à voir!...
s'agenouiller devant sa Laurette, et lui
baiser les genoux et les pieds. N'est-ce
pas que vous trouvez que j'étais bien malheureux?

Je criai comme un fou : Séparez-les!

nous sommes tous des scélérats ! — Séparez-les... La pauvre République est un
corps mort ! Directeurs, Directoire, c'en
est la vermine ! Je quitte la mer ! Je ne
crains pas tous vos avocats ; qu'on leur
dise ce que je dis, qu'est-ce que cela me
fait ? Ah ! je me souciais bien d'eux, en
effet ! J'aurais voulu les tenir, je les aurais
fait fusiller tous les cinq, les coquins ! Oh !
je l'aurais fait ; je me souciais de la vie
comme de l'eau qui tombe-là, tenez... Je
m'en souciais bien !... une vie comme la
mienne... Ah bien, oui ! pauvre vie... va !...

Et la voix du commandant s'éteignit peu à peu et devint aussi incertaine que ses paroles; et il marcha en se mordant les lèvres et en fronçant le sourcil dans une distraction terrible et farouche. Il avait de petits mouvements convulsifs et donnait à son mulet des coups du fourreau de son épée, comme s'il eût voulu le tuer. Ce qui m'étonna, ce fut de voir la peau jaune de sa figure devenir d'un rouge foncé. Il défit et entr'ouvrit violemment son habit sur la poitrine, la découvrant au vent et à la pluie. Nous continuâmes ainsi à marcher dans un grand silence. Je

vis bien qu'il ne parlerait plus de lui-
même, et qu'il fallait me résoudre à questionner.

— Je comprends bien, lui dis-je,
comme s'il eût fini son histoire, qu'après
une aventure aussi cruelle on prenne son
métier en horreur.

— Oh ! le métier ; êtes-vous fou ? me
dit-il brusquement, ce n'est pas le métier !
Jamais le capitaine d'un bâtiment ne sera
obligé d'être un bourreau, sinon quand
viendront des gouvernements d'assassins
et de voleurs, qui profiteront de l'habitude
qu'a un pauvre homme d'obéir aveuglé-

ment, d'obéir toujours, d'obéir comme
une malheureuse mécanique, malgré son
cœur.

En même temps il tira de sa poche un
mouchoir rouge dans lequel il se mit à
pleurer comme un enfant. Je m'arrêtai
un moment comme pour arranger mon
étrier, et, restant derrière la charrette, je
marchai quelque temps à la suite, sentant
qu'il serait humilié si je voyais trop clairement ses larmes abondantes.

J'avais deviné juste, car au bout d'un
quart d'heure environ, il vint aussi derrière son pauvre équipage, et me demanda

si je n'avais pas de rasoirs dans mon
porte-manteau ; à quoi je lui répondis
simplement que, n'ayant pas encore de
barbe, cela m'était fort inutile. Mais il n'y
tenait pas, c'était pour parler d'autre
chose. Je m'aperçus cependant avec plaisir qu'il revenait à son histoire, car il me
dit tout à coup :

— Vous n'avez jamais vu de vaisseau
de votre vie, n'est-ce pas ?

— Je n'en ai vu, dis-je, qu'au Panorama
de Paris, et je ne me fie pas beaucoup à la
science maritime que j'en ai tirée.

— Vous ne savez pas, par con-

9.

séquent, ce que c'est que le bossoir?

— Je ne m'en doute pas, dis-je.

— C'est une espèce de terrasse de poutres qui sort de l'avant du navire, et d'où l'on jette l'ancre en mer. Quand on fusille un homme, on le fait placer là ordinairement, ajouta-t-il plus bas.

— Ah! je comprends, parce qu'il tombe de là dans la mer.

Il ne répondit pas, et se mit à décrire toutes les sortes de canots que peut porter un brick, et leur position dans le bâtiment; et puis, sans ordre dans ses idées, il continua son récit avec cet air affecté

d'insouciance que de longs services don-
nent infailliblement, parce qu'il faut montrer à ses inférieurs le mépris du danger,
le mépris des hommes, le mépris de la vie,
le mépris de la mort et le mépris de soi-
même; et tout cela caché, sous une dure
enveloppe, presque toujours une sensibi-
lité profonde. — La dureté de l'homme
de guerre est comme un masque de fer
sur un noble visage, comme un cachot
de pierre qui renferme un prisonnier
royal.

— Ces embarcations tiennent six hommes, reprit-il. Ils s'y jetèrent et emportè-
rent Laure avec eux, sans qu'elle eût le
temps de crier et de parler. Oh! voici une
chose dont aucun honnête homme ne peut
se consoler quand il en est cause. On a
beau dire, on n'oublie pas une chose pa-
reille!... Ah! quel temps il fait! — Quel
diable m'a poussé à raconter ça! Quand
je raconte cela, je ne peux plus m'arrêter,
c'est fini. C'est une histoire qui me grise
comme le vin de Jurançon. — Ah! quel
temps il fait! — Mon manteau est tra-
versé.

Je vous parlais, je crois, encore de cette petite Laurette ! — La pauvre femme ! — Qu'il y a des gens maladroits dans le monde ! l'officier fut assez sot pour conduire le canot en avant du brick. Après cela, il est vrai de dire qu'on ne peut pas tout prévoir. Moi, je comptais sur la nuit pour cacher l'affaire, et je ne pensais pas à la lumière des douze fusils faisant feu à la fois. Et, ma foi ! du canot elle vit son mari tomber à la mer, fusillé.

S'il y a un Dieu là-haut, il sait comment arriva ce que je vais vous dire; moi je ne le sais pas, mais on l'a vu et entendu

comme je vous vois et vous entends. Au
moment du feu, elle porta la main à sa
tête comme si une balle l'avait frappée
au front, et s'assit dans le canot sans
s'évanouir, sans crier, sans parler, et
revint au brick quand on voulut et comme
on voulut. J'allai à elle, je lui parlai longtemps et le mieux que je pus. Elle avait
l'air de m'écouter et me regardait en face
en se frottant le front. Elle ne compre-
nait pas, et elle avait le front rouge et
le visage tout pâle. Elle tremblait de tous
ses membres comme ayant peur de tout
le monde. Ça lui est resté. Elle est en-

core de même, la pauvre petite! idiote, ou comme imbécile, ou folle, comme vous voudrez. Jamais on n'en a tiré une parole, si ce n'est quand elle dit qu'on lui ôte ce qu'elle a dans la tête.

De ce moment-là je devins aussi triste qu'elle, et je sentis quelque chose en moi qui me disait : *Reste devant elle jusqu'à la fin de tes jours, et garde-la ;* je l'ai fait. Quand je revins en France, je demandai à passer avec mon grade dans les troupes de terre, ayant pris la mer en haine, parce que j'y avais jeté du sang innocent. Je cherchai la famille de Laure. Sa mère était morte.

Ses sœurs, à qui je la conduisais folle, n'en voulurent pas, et m'offrirent de la mettre à Charenton. Je leur tournai le dos, et je la garde avec moi.

— Ah! mon Dieu! si vous voulez la voir, mon camarade, il ne tient qu'à vous.

— Serait-elle là dedans? lui dis-je. — Certainement! tenez! attendez. Hô! hô? la mule...

III

COMMENT JE CONTINUAI MA ROUTE

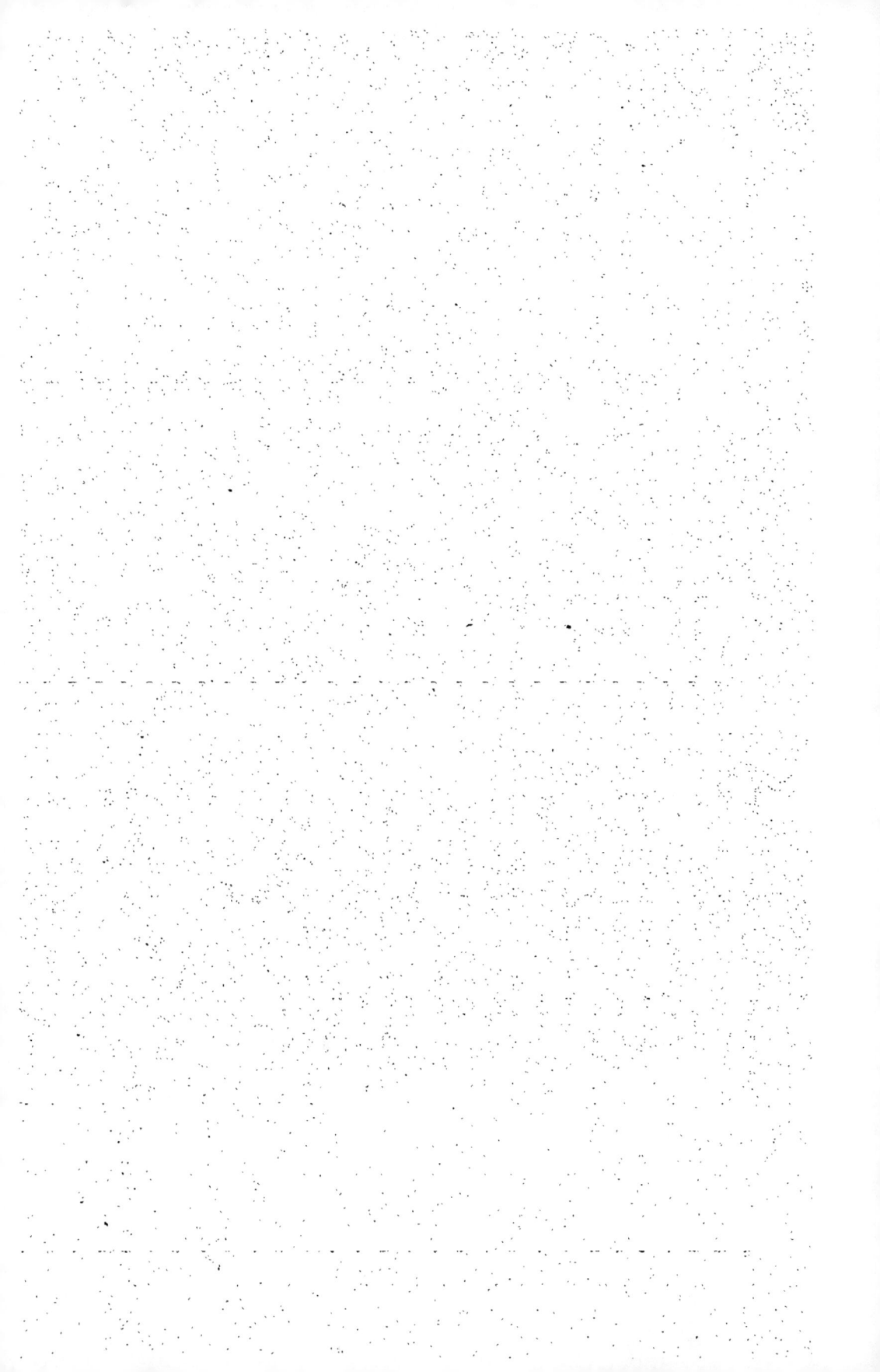

III

COMMENT JE CONTINUAI MA ROUTE

Et il arrêta son pauvre mulet, qui me parut charmé que j'eusse fait cette question. En même temps il souleva la toile cirée de sa petite charrette, comme pour arranger la paille qui la remplissait pres-

que, et je vis quelque chose de bien douloureux. Je vis deux yeux bleus, déme-
surés de grandeur, admirables de forme,
sortant d'une tête pâle, amaigrie et longue,
inondée de cheveux blonds tout plats. Je
ne vis, en vérité, que ces deux yeux, qui
étaient tout dans cette pauvre femme, car
le reste était mort. Son front était rouge ;
ses joues creuses et blanches avaient des
pommettes bleuâtres ; elle était accroupie
au milieu de la paille, si bien qu'on en
voyait à peine sortir ses deux genoux, sur
lesquels elle jouait aux dominos toute
seule. Elle nous regarda un moment, trem-

là longtemps, me sourit un peu, et se remit à jouer. Il me parut qu'elle s'appli-
quait à comprendre comment sa main
droite battrait sa main gauche.

— Voyez-vous, il y a un mois qu'elle
joue cette partie-là, me dit le Chef de bataillon; demain, ce sera peut-être un autre
jeu qui durera longtemps. C'est drôle, hein?

En même temps il se mit à replacer la
toile cirée de son shako, que la pluie avait
un peu dérangée.

— Pauvre Laurette! dis-je, tu es perdue
pour toujours, va!

J'approchai mon cheval de la charrette,

et je lui tendis la main ; elle me donna la
sienne machinalement et en souriant avec
beaucoup de douceur. Je remarquai avec
étonnement qu'elle avait à ses longs doigts
deux bagues de diamants ; je pensai que
c'étaient encore les bagues de sa mère, et
je me demandai comment la misère les
avait laissées là. Pour un monde entier je
n'en aurais pas fait l'observation au vieux
Commandant ; mais comme il me suivait
des yeux et voyait les miens arrêtés sur
les doigts de Laure, il me dit avec un certain air d'orgueil :

— Ce sont d'assez gros diamants, n'est-

ce pas? Ils pourraient avoir leur prix dans
l'occasion, mais je n'ai pas voulu qu'elle
s'en séparât, la pauvre enfant. Quand on
y touche, elle pleure, elle ne les quitte pas.
Du reste, elle ne se plaint jamais, et elle peut
coudre de temps en temps. J'ai tenu parole
à son pauvre petit mari, et, en vérité, je ne
m'en repens pas. Je ne l'ai jamais quittée,
et j'ai dit partout que c'était ma fille qui
était folle. On a respecté ça. A l'armée tout
s'arrange mieux qu'on ne le croit à Paris,
allez! — Elle a fait toutes les guerres de
l'Empereur avec moi, et je l'ai toujours
tirée d'affaire. Je la tenais toujours chau-

dement. Avec de la paille et une petite
voiture, ce n'est jamais impossible. Elle
avait une tenue assez soignée, et moi,
étant chef de bataillon, avec une bonne
paye, ma pension de la Légion d'honneur
et le mois Napoléon, dont la solde était
double, dans le temps, j'étais tout à fait
au courant de mon affaire, et elle ne me
gênait pas. Au contraire, ses enfantillages
faisaient rire quelquefois les officiers du
7e léger.

Alors il s'approcha d'elle et lui frappa
sur l'épaule, comme il eût fait à son petit
mulet.

— Eh bien, ma fille! dis donc, parle
donc un peu au lieutenant qui est là :
voyons, un petit signe de tête.

Elle se remit à ses dominos.

— Oh! dit-il, c'est qu'elle est un peu
farouche aujourd'hui, parce qu'il pleut.
Cependant elle ne s'enrhume jamais. Les
fous, ça n'est jamais malade, c'est com-
mode de ce côté-là. A la Bérésina et dans
toute la retraite de Moscou, elle allait nu-
tête. — Allons, ma fille, joue toujours,
va, ne t'inquiète pas de nous ; fais ta volonté, va, Laurette.

Elle lui prit la main qu'il appuyait sur

10

son épaule, une grosse main noire et ri-
dée ; elle la porta timidement à ses lèvres
et la baisa comme une pauvre esclave. Je
me sentis le cœur serré par ce baiser, et
je tournai bride violemment.

— Voulons-nous continuer notre marche, Commandant ? lui dis-je ; la nuit
viendra avant que nous soyons à Béthune.

Le Commandant râcla soigneusement
avec le bout de son sabre la boue jaune
qui chargeait ses bottes ; ensuite il monta
sur le marchepied de la charrette, ramena
sur la tête de Laure le capuchon de drap

d'un petit manteau qu'elle avait. Il ôta sa
cravate de soie noire et la mit autour du
cou de sa fille adoptive; après quoi il
donna le coup de pied au mulet, fit son
mouvement d'épaule et dit : — En route,
mauvaise troupe ! — Et nous repar-
tîmes.

La pluie tombait toujours tristement; le
ciel gris et la terre grise s'étendaient sans
fin; une sorte de lumière terne, un pâle
soleil, tout mouillé, s'abaissait derrière
de grands moulins qui ne tournaient pas.
Nous retombâmes dans un grand silence.

Je regardais mon vieux Commandant;

il marchait à grands pas, avec une vigueur
toujours soutenue, tandis que son mulet
n'en pouvait plus et que mon cheval même
commençait à baisser la tête. Ce brave
homme ôtait de temps à autre son shako
pour essuyer son front chauve et quelques
cheveux gris de sa tête, ou ses gros sourcils, ou ses moustaches blanches, d'où
tombait la pluie. Il ne s'inquiétait pas de
l'effet qu'avait pu faire sur moi son récit.
Il ne s'était fait ni meilleur ni plus mauvais qu'il n'était. Il n'avait pas daigné se
dessiner. Il ne pensait pas à lui-même, et
au bout d'un quart d'heure il entama, sur

le même ton, une histoire bien plus longue sur une campagne du maréchal Masséna où il avait formé son bataillon en
carré contre je ne sais quelle cavalerie. Je
ne l'écoutai pas, quoiqu'il s'échauffât pour
me démontrer la supériorité du fantassin
sur le cavalier.

La nuit vint, nous n'allions pas vite.
La boue devenait plus épaisse et plus profonde. Rien sur la route et rien au bout.
Nous nous arrêtâmes au pied d'un arbre
mort, le seul arbre du chemin. Il donna
d'abord ses soins à son mulet, comme moi
à mon cheval. Ensuite il regarda dans la

charrette, comme une mère dans le berceau de son enfant. Je l'entendais qui disait : — Allons, ma fille, mets cette redingote sur tes pieds, et tâche de dormir. — Allons, c'est bien ! elle n'a pas une goutte de pluie. — Ah ! diable ! elle a cassé ma montre, que je lui avais laissée au cou ! — Oh ! ma pauvre montre d'argent ! — Allons, c'est égal : mon enfant, tâche de dormir. Voilà le beau temps qui va venir bientôt. — C'est drôle ! elle a toujours la fièvre ; les folles sont comme ça. Tiens, voilà du chocolat pour toi, mon enfant.

Il appuya la charrette à l'arbre, et nous

nous assîmes sous les roues, à l'abri de l'éternelle ondée, partageant un petit pain à lui et un à moi; mauvais souper.

— Je suis fâché que nous n'ayons que ça, dit-il; mais ça vaut mieux que du cheval cuit sous la cendre avec de la poudre dessus, en manière de sel, comme on en mangeait en Russie. La pauvre petite femme, il faut bien que je lui donne ce que j'ai de mieux. Vous voyez que je la mets toujours à part; elle ne peut pas souffrir le voisinage d'un homme depuis l'affaire de la lettre. Je suis vieux, et elle a l'air de croire que je suis son père; malgré cela,

elle m'étranglerait si je voulais l'embrasser seulement sur le front. L'éducation
leur laisse toujours quelque chose, à ce
qu'il paraît, car je ne l'ai jamais vue oublier de se cacher comme une religieuse.
— C'est drôle, hein?

Comme il parlait d'elle de cette manière, nous l'entendîmes soupirer et dire :
Otez ce plomb! ôtez-moi ce plomb! Je me
levai, il me fit rasseoir.

— Restez, restez, me dit-il, ce n'est
rien ; elle dit ça toute sa vie, parce qu'elle
croit toujours sentir une balle dans sa tête.
Ça ne l'empêche pas de faire tout ce qu'on

lui dit, et cela avec beaucoup de douceur.

Je me tus en l'écoutant avec tristesse.

Je me mis à calculer que, de 1797 à 1815,

où nous étions, dix-huit années s'étaient

ainsi passées pour cet homme. — Je de-

meurai longtemps en silence à côté de lui,

cherchant à me rendre compte de ce ca-

ractère et de cette destinée. Ensuite, à

propos de rien, je lui donnai une poignée

de main pleine d'enthousiasme. Il en fut

étonné.

— Vous êtes un digne homme! lui dis-

je. Il me répondit :

— Eh! pourquoi donc? Est-ce à cause

de cette pauvre femme?... Vous sentez
bien, mon enfant, que c'était un devoir.
Il y a longtemps que j'ai fait abnégation.

Et il me parla encore de Masséna.

Le lendemain, au jour, nous arrivâmes
à Béthune, petite ville laide et fortifiée,
où l'on dirait que les remparts, en resser-
rant leur cercle, ont pressé les maisons
l'une sur l'autre. Tout y était en confusion,
c'était le moment d'une alerte. Les habitants commençaient à retirer les drapeaux
blancs des fenêtres et à coudre les trois
couleurs dans leurs maisons. Les tambours
battaient la générale; les trompettes son-

naient *à cheval*, par ordre de M. le duc de
Berry. Les longues charrettes picardes por-
taient les Cent-Suisses et leurs bagages ;
les canons des Gardes-du-Corps courant
aux remparts, les voitures des princes, les
escadrons des Compagnies-Rouges se for-
mant, encombraient la ville. La vue des
Gendarmes du roi et des Mousquetaires me
fit oublier mon vieux compagnon de route.
Je joignis ma compagnie, et je perdis dans
la foule la petite charrette et ses pauvres
habitants. A mon grand regret, c'était
pour toujours que je les perdais.

Ce fut la première fois de ma vie que je

lus au fond d'un vrai cœur de soldat. Cette

rencontre me révéla une nature d'homme

qui m'était inconnue, et que le pays con-

naît mal et ne traite pas bien ; je la plaçai

dès lors très-haut dans mon estime. J'ai

souvent cherché depuis autour de moi quel-

que homme semblable à celui-là et capable

de cette abnégation de soi-même entière

et insouciante. Or, durant quatorze années

que j'ai vécu dans l'armée, ce n'est qu'en

elle, et surtout dans les rangs dédaignés

et pauvres de l'infanterie, que j'ai retrouvé

ces hommes de caractère antique, pous-

sant le sentiment du devoir jusqu'à ses

dernières conséquences, n'ayant ni re-
mords de l'obéissance ni honte de la pau-
vreté, simples de mœurs et de langage,
fiers de la gloire du pays, et insouciants
de la leur propre, s'enfermant avec plaisir
dans leur obscurité, et partageant avec les
malheureux le pain noir qu'ils payent de
leur sang.

J'ignorai longtemps ce qu'était devenu
ce pauvre chef de bataillon, d'autant plus
qu'il ne m'avait pas dit son nom et que
je ne le lui avais pas demandé. Un jour
cependant, au café, en 1825, je crois, un
vieux capitaine d'infanterie de ligne à qui

11

je le décrivis, en attendant la parade, me
dit :

— Eh ! pardieu, mon cher, je l'ai connu,
le pauvre diable ! C'était un brave homme ;
il a été *descendu* par un boulet à Waterloo.
Il avait, en effet, laissé aux bagages une
espèce de fille folle que nous menâmes à
l'hôpital d'Amiens, en allant à l'armée de
la Loire, et qui y mourut, furieuse, au
bout de trois jours.

— Je le crois bien, dis-je ; elle n'avait
plus son père nourricier !

— Ah bah ! *père !* qu'est-ce que vous

dites donc? ajouta-t-il d'un air qu'il vou-
lait rendre fin et licencieux.

— Je dis qu'on bat le rappel, repris-je
en sortant. Et moi aussi, j'ai fait abnégation.

FIN

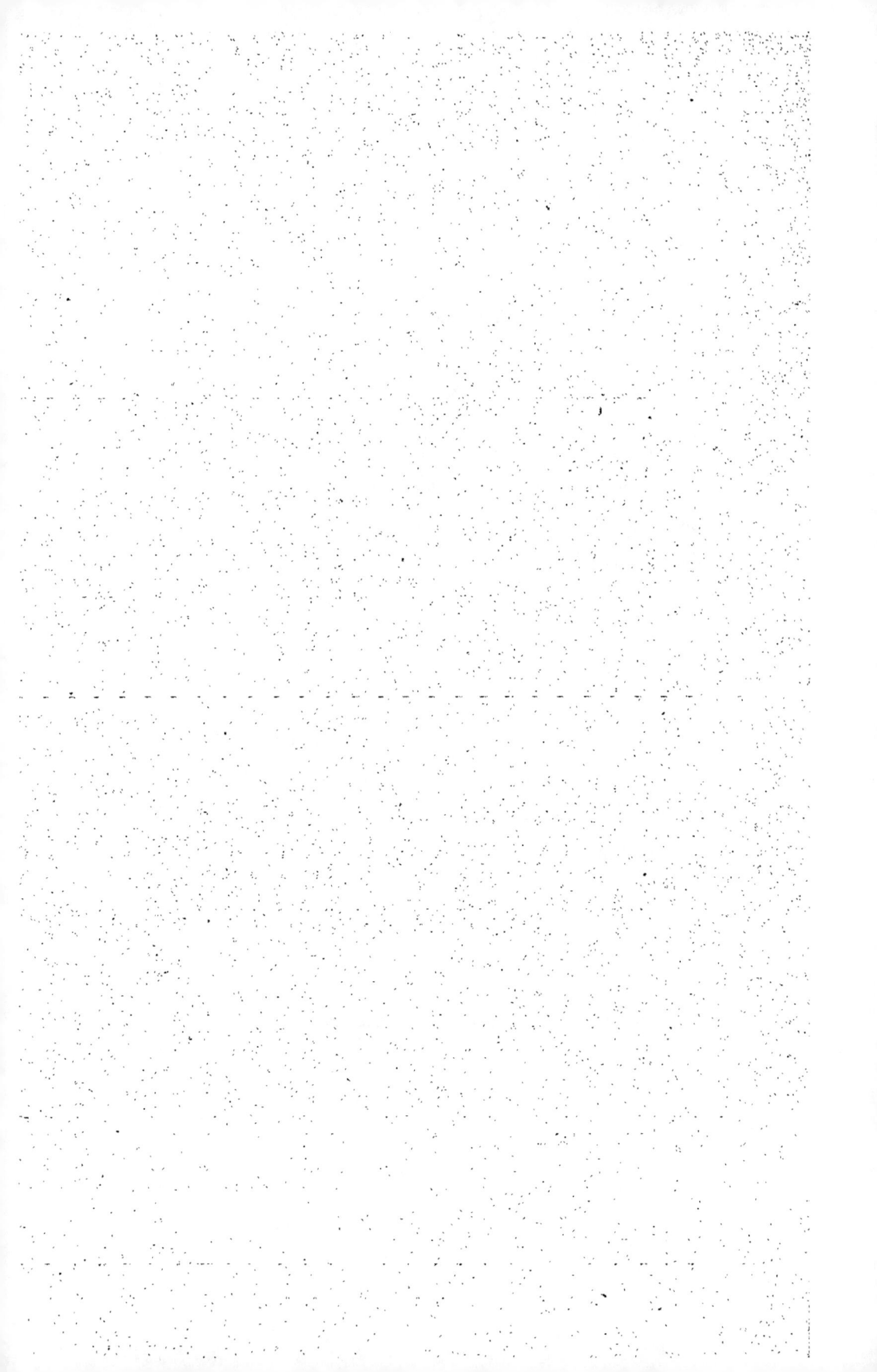

TABLE

POISSY. — TYP. ET STÉR. DE A. BOURET.

www.ingramcontent.com/pod-product-compliance
Lightning Source LLC
Chambersburg PA
CBHW070351090426
42733CB00009B/1375